Hardy von Arendes

Gilgamesch

Schauspiel

Die Deutsche Bibliothek verzeichnet diese Publikation der Deutschen Nationalbibliografie; detaillierte bibliografische Daten sind im Internet über http: // dnb.ddb.de abrufbar

2015 © by Hardy von Arendes
Herstellung und Verlag
BoD - Books on Demand, Norderstedt
ISBN: 978-3-7347-7587-1
Alle Rechte vobehalten
Printed in Germany

Vorwort

Seht ihr, da kommen die Geister hervor,
sie dringen, sie quillen aus der Tiefe,
aus der menschlichen Seele, ach du armer Tor,
da kommen sie heraus, als ob sie einer riefe!
Woher kommt ihr neblige Gestalten?
Kommt ihr aus menschlichen Seelen heraus;
warum müßt ihr denn gerade hier wieder walten,
wo keiner kennt sich beim anderen aus.
So, ihr wollt spielen den Menschen in seinem Wahn,
zu spielen denen ihr eignes Geschick;
ihr wollt brechen, wollt ebnen die neue Bahn;
der alte Mensch soll sich brechen das Genick!

Alles was Menschen haben Menschen erschaffen,
an Liedern, an geistiger Größe gar,
wollt ihr in euren großen Sack raffen
und sich ergötzen dran selber so wunderbar?
Ja, ihr ward schon ganz in trüben Tagen,
und ihr habt euch auch da schon einmal gezeigt;
ach nein, mit welch einem Himmelswagen
seid ihr denn durch den Äther geeilt, und schweigt,
ja, schweigt dazu, daß ihr schon hier gewesen,
ihr schweigt dazu, daß euer Sang schon erklang;
so, ihr habt verkündet, fast allzu menschliche Thesen
´s kein Wunder, daß der Mensch wonnetrunkend trank.

Aber ich ahne es, kann euch nicht bändigen,
denn ihr raunt ja nur schweigend über die Erde;
denn so ihr mir etwas hättet aushändigen
fandet mich doch nur voll der Trauer und Beschwerde
doch allein, was soll ich damit anfangen:
Ihr lispelt doch nur, wie Kinder in den Wind;
wie werd ich erst an eurem Busen hangen
wenn aus mir die Töne quillen geschwind.
Dämonen, warum habt ihr mich getroffen?
Warum gerade mich und keinen andern Geist;
liegt in mir die ganze Menschheit offen,
da ein kleines Menschenkind zu etwas Großem reißt.

Vorspiel

Platz vor dem Theater
Eine Familie, dann der Dichter

Sohn Was wird gespielt
auf der großen Bühne in unserem Ort?
Was wird gezeigt in Bild und Wort?
Was gibt es denn da für ein buntes Treiben,
und welch ein Mensch tat es einst schreiben?
Als es noch jung die Kraft erhielt.

Vater Du, mein Sohn,stell deine Fragen
und frage ohne lang zu zagen!

Tochter einfallend O, laßt uns jetzt ins Theater geh´n
und das Schauspiel dort beseh´n
Kommt! Kommt! Schnell hinein
und nehmen unsere Plätze ein.

Mutter tadelnd Laß doch deinen Bruder die Fragen stellen
mit jeder Frage wird sich sein Geist erhellen.

Vater Nun mein Sohn?

Sohn Ja; Mein Vater.

Vater Frage!

Sohn Sage mir bitte
wer schrieb das Werk
auf daß ich nicht weiter litte
und die Frage wächst auf zum Berg.

Vater Mein Sohn, mein Sohn
nicht ich kenne den Dichter,
noch weiß ich wo er wohnt.
Doch laßt uns das besehen

4

was drinnen wird gesehen
ist s einfach, ist´s schlichter
vielleicht ist es auch prächtig und groß,
doch wer kennt schon eines Dichters Los?

Tochter Nun kommt schon! Laßt uns eilen,
laßt uns nicht lang verweilen,
denn die Zeit rinnt schnell dahin,
es nun auch zu sehen, steht uns der Sinn.

Mutter Mit Trauer und auch Fröhlichkeiten
und froh sein mit der Trauer
gibt uns das Theater Möglichkeiten
die Schöpfung selber abzuschreiten.
Auf der Bühne läßt sich alles berichten,
das gesamte Spiel der Menschheit
vom Anbeginn bis zum Ende der Geschichten,
Doch – wer liebt schon historische Taten,
auch wenn sie auf der Bühne gut geraten.
O, wär' sie endlos diese Liebe
und auf ewig hoch an Wert
und die edlen Dichtungstriebe
hätten sich von allein vermehrt.
Nun? Ihr stutzt? Wo sind die Dichter
die den Menschen selbst belehrten;
allein nur die Werke großer Dichter
zeugen von genialen Werten!
Geschriebenes ist stets geschrieben
in den Büchern großer Zeit,
und war es auch noch so durchtrieben,
da brachte es gar mancher weit.
Nun ist geboren dort eine Sonne
ach! Die Wonne ist es die dort leuchtet,
die ein Gott hier selbst bestaunt
Und, ihr Kinder, mir jetzt deuchtet
ihm wär's an der Wiege schon zugeraunt.
Freudig, lauft Planeten um die Sonne
vollendet euren langen Lauf
und Sterne, weint nicht in der Wonne,
der Mensch strebt zu den Göttern auf.

Das Schicksal läßt sich nicht betrügen,
wird sich der Mensch ändern allein?
Was kann ihm alles nur genügen
wenn der Mensch ein Mensch will sein!

Vater O ja, sie beginnt wohl wieder,
die Zeit, die einstmals war,
die alten Geister steigen nieder
und sammeln sich zur bunten Schar.

Tochter Von was für einer Zeit sprichst du,
mein Vater, so sage es mir doch!

Vater Ich weiß gar wohl, du gibst keine Ruh
O, die Zeiten sind längst vergangen,
man glaubt sie wär'' verblüht,
doch im Frühlingsgewand der neuen Zeiten
ist alles wieder neu aufgeblüht
Da springt sie auf, die Knospe,
zur Rose blühet sie auf;
das Werk zeigt seine Größe,
zum Himmel steigt´s hinauf.
O, ahnst du Mensch die Weiten,
die keine Seele webt,
und in dem Reich der Seiten,
seht ob ein Mensch drin lebt!
Doch ahnungsvollen Grauen,
der Tage trüber Blick,
läßt den Besucher schauen:
er führt wahrlich kein Weg zurück!
Da entkörpert sich die Seele,
in den Stunden großer Schmach,
wenn es dann klingt: Wähle! Wähle!
Welchem Weg willst du nun nach?
Es gibt dort viele Wege,
und keiner gleicht dem andern,
nur der Geist allen wird rege,
er sieht das Unglück kommen dann!
Wer befreit sie aus dem Elend?

Wer führt sie da ans Licht?
Und daselbst nur selbst entseelend
kennt dein Gott auf Erden kein Gericht.
Und wenn sie, die Toten, wieder aufersteh´n,
krabbeln aus den Gräbern raus
werden geboren in neuen Wehen
auf ewig gibt's kein Totenhaus.
Wir sind vom Thema abgeschweifet
kommen vom hundertsten ins tausendste,
die Dinge sind gar bald gereifet,
nur die Zeit zum reifen, die braucht's.
Wer sich allein schafft, kann nur schaffen,
wer die Natur in der Natur wohl mehrt,
zwar muß er das Werk noch straffen,
zur Reinheit wir es dann erklärt.
So, nun laßt uns begeben
in das Stück hinein!
Laßt nur Gestalten leben,
lebendig laßt sie sein!

Sohn O, seht den Schimmer
eitler Werte,
Ach! Seht das Flimmern
eitlen Tands!
Laßt uns erst sehen
und dann erst richten,
was sich auf Bühnen bildet ganz.
Einstmals sprang ich über Wald und Wiesen,
früh war ich jedem Spiele nah,
ich spielte einen Zwerg auch einen Riesen,
und spielte oft was ich wohl sah.
Doch aus dem Alter bin ich entwachsen,
doch mancher auf der Bühne nicht,
und ist man dann herangewachsen
so stellt man sich ins Rampenlicht.

Vater Wendet euch nun andern Dingen zu.

Tochter Wem gehört denn dieser Ruhm
Ei! Ich weiß es! Keinem Menschen.
Ja, es ist es anderes Wesen,
das erschuf uns diese Welt
und ihr sollt es hier besehen,
das was ein Dichter hat geschrieben,
wird uns hier zur Schau gestellt.
O, ich liebe diese Leute,
die solche Werke erschaffen,
noch mehr liebe ich die andern heute,
die dies auf den Bühnen begaffen.
Ungestüm dringen die Töne
aus der Quell der Seele vor;
es entwickelt sich das Schöne,
vielleicht entpuppt sich dort ein Tor.
Und der Ruf nach großen Taten
schallet über jede Zeit,
allein, am erhält sie nur auf Raten;
denn seht: Nur ewig ist die Ewigkeit.
Schaut, was ist das da ein sonderbarer Mann,
der denkend vor sich geht.
Er lenkt seine Schritte nach hier,
hat uns wohl grad erspäht!

Vater Ich glaub der Dichter ist´s, der dort geht!

Dichter tritt auf Guten Tag!

Alle Einen schönen guten Tag!

Dichter Ich will euch Gutes wünschen, soweit ich es vermag!

Vater Du baust selbst mit an der Schöpfung,
zug um zug an dem großen Werke!
Hat dich ein Gott gerufen,
und gab er dir die Stärke.
Woher sprudelt deine schöpferische Kraft.
Mein Dichter, sag´, wo quillt sie hervor
Wo ist die Quelle, die jenes schafft
aus der du getrunken hast zuvor?

8

Dichter O, wär'' sie herrlich,
Gottes weite Erde
in den Träumen eurer Nacht
auf daß es Wirklichkeit nun werde
auf Bühnen dargebracht!
Ich schrieb für Euch die Worte,
ich schrieb sie nicht für mich,
ich schrieb sie an dem Orte,
wo selbst der Teufel entwich.
Er wird es niemals fassen,
ewig wird er mich und das Gute hassen;
was mich dazu beflügelt,
daß ich dadurch schreiben kann.
Ich fand im Schreiben Frieden;
fand meine Ruhe dort
und dort schrieb ich auch hernieder
was ist, was kommt – im Wort.
Und wer erleuchtet meinen Geist?
Wer gab mir die Kraft zu schreiben.
Saget an, meine Kinder, zumeist
wollt ich es stets betreiben.
Doch laßt den Dichter dichten,
so redet ihm nicht da herein;
er muß den Stoff erst sichten;
erarbeitet will all das sein.
Und wenn ich nun weiter schriebe,
was mir davon noch bliebe?
Andere wollen es besitzen -
die Gemüter werden sich erhitzen -
und der Streit beginnt um so mehr.
Voll der Dramatik ist das Leben,
voller Handeln unser Tun,
stets müssen wir uns weiterbilden,
da gilt es nicht auszuruhn.
Und das Leben in voll seiner Blüte
gleichet doch nur einer Wundertüte!
Ja, macht eure Augen auf,
schaut das Leben selber an,
dann seht ihr, wie es ist.
Es ist gar lang ein jedes Leben,

und doch kurz ist eure Zeit,
denn das Wesen aller Wesen
zerbrach für euch die Ewigkeit.
Nun endet meine Rede,
sehet euch an das Spiel,
daß ich für euch schrieb,
den es wird gezeigt : Sehr viel!

Vater O, wir sind nicht deinesgleichen;
nein, das sind wir nicht.
Wir tuen einem Genius niemals gleichen.
Bei Gott, das sind wir nicht!

Dichter allein So laßt das Spiel dort neu beginnen,
wo ein Punkt den Schluß gesetzt;
es kann stets nur der gewinnen,
der sich niemals überschätzt.
Drum muß der Mensch sich selbst befrei´n
von seinen Vorurteilen;
dann darf der Mensch erst Mensch wohl sein,
dann darf er hier verweilen.

Prolog in den weiten des Universums

Als Gestalten treten auf: der Frieden; der Krieg; der Tod, das Unsterbliche. Chor auftretender himmlischer Geister; Chor auftretender planetarer Geister; Chor auftretender Engel; Chor auftretender Götter; Ischtar, die Göttin der Liebe und des Kampfes. Chor von verschwindenden Geistern. Der Schöpfer des Universums

Frieden

Das neue Zeitalter ist nun angebrochen,
das neu die Herzen der Menschen belebt;
da werden alle Jahre und Wochen
dem Welt-Frieden hinzugezählt.

Krieg

Ich habe verloren den Totentanz,
der Mensch will nicht den Krieg,
er schickte mich in die Verbannung ganz,
er überwand den Sieg

Tod

ich bin der Grausame,
ich bin der Sensenmann,
dein Bruder, mein Krieg,
der jeden Menschen holen kann!

Unsterbliche

Ich rette dem Menschen seine Seele,
ich führe sie ans Licht,
in das große Reich der Seelen,
an ein Gott-Gesicht!

11

Alle Vier

Wir sind die Vier,
die alle schier
die große Welt regieren hier

Krieg

Kennt ihr den König von Uruk?
Ihm war ich ein Begleiter;
er brachte, Brüder, mir ein fest,
durch ihn und seine Streiter!

Alle Vier

O ja, wie kennen ihn;
er ist der Herr der Welt,
zwar will er stets noch weiter,
was keinem uns gefällt!

Unsterbliche

Seine Seele ist zerstritten;
der Größte selber will er sein;#
auch will er, ganz unbestritten
auf ewig unsterblich sein!

Alle Vier

Es ist der Mensch zwar nicht allein,
besitzt noch Schwestern, Brüder;
durcheilt die Zeit mit jedem Schritt;
aber jeder geht seinen Weg allein -
da folgt ihm niemand nach!

Der Schöpfer

Äonen Zeiten sind vergangen,
das Universum entsteht hier neu

bis es endlich wieder stirbt,
und dann gebiert sich wieder neu.

Chor auftretender himmlischer Geister

Da stürzen die Sterne
in Flammen
zusammen;
alles vergeht,
nichts besteht;
keiner kann's halten,
ohnmächtiges Walten
der Gestalten
in allen Zeiten
größerer Weiten,
die dort verweh'n!
Die Sonnen
sind tot,
die Wonnen
in Not.
Ein großer Knall,
ein ew'ger Schall
mit Freuden durchdrungen
gebiert sich das All!
Der Zyklus
beginnt;
ein Kuss,
er zerrinnt!
Das Ew'ge neu,
das Neue ist treu!
Alles nun strebt,
ein Gott, der's belebt
mit größeren Stärken
zu neuerem Werken
auf dass es genial sich erhebt
Das Leben beginnt,
ein Mensch, er gewinnt,
empfängt gar die Lust
schon von der Mutterbrust,
die langsam zerrinnt.

Der erste Schrei,
der Mensch ist frei
aus Kindermund
in den Erdenrund!
Sein Geist wird rege,
geht neue Wege,
denn er erkennt
was leis' verbrennt.
Erkennt sich selbst;
ja, er sieht –
welch Staunen –
den Schöpfer raunen,
und – flieht!

Schöpfer

Genug! Seid still ihr Geister,
ich bin euer Herr und Meister!
Jetzt umfaßt endlich meinen Sohn,
den König aus Uruk;
er soll umfangen seinen Lohn;
geht auf die Erde,
nun macht endlich schon!

Chor auftretender Götter

Wir gehen,
wir sehen,
was er will!
Wir tuen
dort handeln
wir tuen
dort wandeln,
auf Erden
im Werden!

Ischtar (tritt aus dem Kreis der Götter)

Ja, ich bin weiblich,
und er ist ein Mann,

und es ist begreiflich,
wenn er mich sieht,
daß er mich lieben kann.
Drum weil ich mit Freuden
in Uruks Gebäuden!

Schöpfer

Ich habe euch erzeugt
aus dem Staube der Sterne
und schenke euch die Erde in der Ferne;
zwar nicht für immer
im endlosen Schimmer.
Denn dort wohnt mein Geschlecht,
daß habe ich so gerne,
drum beschützt es mir recht!

Chor auftretender planetarer Geister

In weiter Ferne
da liegt der Stern,
den hat der Schöpfer selber gern!
Und er dreht
sich durch die Zeiten,
im Spiel der Planeten
unendlicher Weiten.
Und auf dem Stern,
da lebt das Geschlecht,
durch den Genius beflügelt,
dem Schöpfer nur recht!

Chor auftretender Engel

Ja, wir waren Anfangs
schon immer dort;
wir waren die ersten Boten;
wir taten den Menschen loten
in eine neue Zeit;
bis endlich sie bereit,
sich selbst zu erschaffen;

Räume der Weiten zu erobern,
den Mond gar zu bewohnen!
Es ist die NEUE Zeit!

Ischtar

Ich beflügele jedes Wesen,
ich bezaubere jeden Mann,
ja, ich bin die Liebe selbst gewesen,
weil ich so zaubern kann1
alles was weiblich
ist stets unbeschreiblich,
zwar kann man´s beschreiben,
doch dabei wird's bleiben
Die Psyche der Frau
kennt kein Mann genau;
drum ihr Frauen,
denkt stets daran
wie man den Mann
umfassen kann!
Und will der Mann
und er will immer,
so laßt ihm seinen Willen
so wird die Liebe aus ihm quillen
und faßt ihn um so fester an!

(Tritt in den Kreis der Götter zurück.)

Chor von verschwindenden Geistern

Es gibt zwei Wesen
auf dem Planten
in der Ferne:
Mann und Frau;
Frau und Man;
noch ist´s nur ein Paar,
doch gar bald eine Schar.
Und aus diesem Geschlecht
so recht

(immer leiser werdend, verhallend.

stammt dieser Gilgamesch!

Schöpfer

Ich gebiete über alle Geister, große und kleine;
auch gebiete ich über´s Menschengeschlecht;
und was der Mensch einst kann, kann er mit recht;
so strebt er in der Zeit
wenn es soweit
in das All hinaus,
und verläßt sein rundes Haus!

Alles zerstäubt sich im NICHTS

Erster Aufzug

Gilgamesch (blickt über das Schlachtfeld hinweg)
Nun endlich bin ich Herr der Welt,
von Menschen über Menschen gestellt!
Nein! Keiner ist in meinem Reich
daß ich schon früh erhielt
mir Kraft und Güte gleich.
So bin ich stets, so werde ich bleiben
von allen werde ich´s am wüsten treiben.
Mir gehört die Welt, die Weite,
nach Süden, nach Osten,
in der Läng und in der Breite.
Doch so einsam bin ich, so verlassen;
die Welt, die ich erobert hab, sie wird mich hassen.
Ich bin der Herrscher von Sumer,
ich herrsche über Uruks Geschlecht!
Ich herrsche über alle;
ich bin ihr König und auch ihr Knecht!
Ich habe in meinen letzten Kriegen
Uruk empor geführt mit Siegen!
Im Taumel der Begeisterung gebunden,
da wollten sie den Krieg;
doch wohin ist sie nun entschwunden;
jetzt ist ihnen schon verhaßt der Sieg?
Den Frieden, so glaubt's mir, wollen sie haben;
nichts weiteres als Friedensgaben!
Ich habe in meinem Bemüh´n
Uruk zur Hauptstadt gemacht,
und sind die Taten auch noch so kühn,
so werde ich doch um mein Lohn gebracht!
Ja; Ja; Man hat's im Leben nicht leicht,
wahrlich man hat das nicht,
und wenn der Himmel auch noch so weit reicht
und mir das Herz im Leibe zerbricht!
Aber welch ein Narr war ich doch nur
auf des Gottes weiter Erdenflur!
Warum habe ich nicht begriffen,
wohin die Zeit mich führt,
warum habe ich nicht begriffen,

was in den Herzen der Menschen rührt!
O ja, es ist anders geworden – das Leben!
Nach Frieden und Freiheit wollen sie streben.
Da wird schon nach einem ganz andern Maß gemessen;
was ihnen Gutes widerfuhr
ach! Sie haben es vergessen.
Der Mensch vergißt gar leicht und schnell,
denn leider besitzt er ein dickes Fell!
Da bin ich ja noch geringer als ich schon bin,
denn das, was ich tat, tat ich aus gleichem Sinn.
Da fliehe ich hinaus, auf's Land, ins weite,
dort lebt das Ewig-Grüne, die Natur,
ich selbstlos an mir arbeite
zum Menschen geboren auf Erdenflur!
Ich fühle mich zu größeren Taten
und in mir, da keimen die Saaten,
auf daß sie dann auch gut geraten!
Ich durcheilte die Zeit im Sauseschritt,
manchmal glaubte ich, komm selbst nicht mit.
So regierte ich wohl manches Jahr,
und glaubt mir, nie war's wunderbar;
denn wie soll ich regieren
da andere sich schon im Wahnsinn verlieren.
Und so zog Sommer auf Sommer ins Land;
nein! Niemals hatte ich einen leichten Stand.
Erst kam der Krieg,
dann kam der Sieg.
Doch wohin ich mich auch wendete,
der Krieg aus dem Krieg niemals endete!
So klang aus dem Getümmel der Schlacht,
ein grauenhaftes Gelächter heraus;
ich glaube Gespenster lachten hinaus,
in trüblige neblige Ferne:
da wuchsen selbst aus Blumen
blutrotüberströmte Sterne!
So beginnt – öfter als man je denkt,
der ganz große Wassermann-Äon,
und einer ist´s, der dies alles lenkt,
der über den den Sternen thront!
Auch ich lenkte einst die Herzen

und was ich sah, war Grund genug zum Schmerzen.
So war ich schon als Kind, so bin ich hinfort
und was ich sage, das hat Macht in meinem Wort!
Zwar bin ich mächtiger als alle und weiß nicht so recht,
was mich dazu treibt, daß ich nicht falle!
Und was geht den andern mein Fall auch an?
Denn feuchten Kehricht geb'' ich drum;
in denen ihr Gesicht möchte ich schauen
und stellen sie sich noch so dumm!
  Doch fliehen alle von der Erde,
durch den Schimmer
endloser Zimmer,
auf daß es Dunkel werde!
Nein! Ein Gott hier nicht richt't!
Götter! Geister Hinaus und hinaus, so nicht!!
Mein Gott, wie ist mir kalt,
wie's um mich zittert;
was schallt fürchterlich aus dem Wald,
so geheimnisumwittert?
  So wie sich die Kraniche am Himmelsbogen
auf ihren Schwingen dahingeflogen,
unser Geist den Vögeln gleicht,
man sieht ihn nicht, man ahnt ihn nur,
derweil, so ist nun einmal unsere Natur;
sie wurd'' uns zum Verstand gereicht!
Er schwingt sich auf, er schwingt sich nieder,
und eines Tages da kehrt man wieder!
   O ja, wir denken, wir haben Verstand;
doch was hat das Tier? Instinkt!
Kein Götterfunken ihnen blinkt;
der Schöpfer reichte dem Menschen die Hand!
Und so habe ich in dieser Welt
für jedes Tier und jede Ziege,
dem Menschen, gleich wie der Fliege
den Lebensraum für euch bestellt!
  Nur eine Scheinwelt, die voller Schein,
und eine Frucht, gereift, zum pflücken
taten jedermann entzücken.
Und ihr, die ihr tot, auf diesen Feldern
der Verwesung preisgegeben,

begraben in den fremden Wälder,
nicht in heimischen Erdboden leben;
und ihr abgenagte Knochen, in die Erde geschmissen,
wo seid ihr hin, die ihr jetzt tot?
Ach! Ich werde euch ganz stark vermissen!
Und in den dunklen Gewölben,
da liegt ihr friedlich nun,
auf ewig gilt es aus zuruhn!
So will auch ich hier schlafen,
Gefährten alter Tage;
wie war's nur, als wir uns trafen?
Heute klingt´s wie eine Sage!
  Nun schlummert die Welt,
sie schlummert bin mir;
der Mensch räumt das Feld,
und die Geisterschar
hat sich auf balde eingestellt
Ich schlafe doch nur!

Gilgamesch schläft ein.

Der Lebensgeist tritt mit einem Knaben auf

Wir sind schon hier!
Ich trete in den großen Kreis
der größeren Menschheit ein;
ich komme weder laut noch leis`;
tret ein mit einem Schrei´n!
Es hat mich meine Mutter schon zur Brust
genommen, trank dort voller Lebenslust,
trank dort voller Begierde
die Muttermilch mit Zierde!
So wuchs ich auf, so werd´ ich alt
dann sterb ich drauf und bin so kalt!

Knabe (singt) Hörest du dumpf die Glocken erschallen
und schaurig tönt ihr Klang ins Land

Lebensgeist Und du, ei, was singt du mir fort?
Lass es hören!

Knabe Halt!

Lebensgeist So fahr doch fort!

Knabe (singt) Hörest du dumpf die Glocken erschallen
und schaurig tönt ihr Klang ins Land,
drum düster alle Nebel wallen.
Wenn der Tod reicht seine Hand!

Lasset unsere Phantasie vernebeln
über einen finstern Ort.
Mein Kind, der Tod wird dich knebeln
und bringet dich fort.

Ewig düften dort die Rosen!
Vernimmst du den holden Duft,
drum, mein Kind, lass dich liebkosen
in der schaurig-schönen Gruft!

Ich umfange dich mit den Armen,
komm, komm, Kind, ich lieb dich sehr.
Nur ein Gott kann sich erbarmen,
aber das Grab gibt keinen her!!

Lebensgeist wiederholt ... aber das Grab gibt keinen her!
Was war das für ein Gesang
der in meinen Ohren klang.
Denke an das Leben -
denke nicht an den Tod;
wir müssen streben,
verdienen unser Brot!
Da ist doch was? Da hat sich was bewegt!
Der Schläfer erwacht, die Natur sich regt;
keine Toten sind's, auch keine Leichen.
Drum, Knabe, laßt uns von hier weichen!

Lebensgeist mit Knaben ab

Gilgamesch erwacht Was war das? Was sah ich im Traum?
Gespenster waren es ! Glaub ich kaum!
22

Doch mir ist, als hätte ich etwas gehört;
es war ein Gesang, der mich betört!
So hoch, so rein, so klar;
es klang einfach so wunderbar!
 So ist die Zeit noch nicht gekommen,
wo ich von der Erde fortgenommen;
dort, wo kein Geist dem andern gleicht;
wo die Seele lebt, zum Himmel steigt!
Ja, meine Tatenkraft
mich zu größerem drängt,
alles, was ich einst geschafft
mich gar zum Allerhöchsten lenkt!
So zwinge ich meinen Geist
und denke in andern Bahnen;
horch! Wer will mich mahnen, wenn ich frech und dreist,
das tue, was andere niemals wagen.
Ja, solch eine Größe kann nur ein Großer tragen!
Und bin ich´s nicht,
ich armer Wicht,
der so kühn und so verschlagen,
wie einst in alten Tagen
sich über alles setzte
und alle Gesetze verletzte!
 Da gilt es endlich mit dem Schönen
sich zu versöhnen1
Denn das Unvergängliche ist verborgen;
wer es sehen kann, der darf es sehen,
und wer's heut nicht sieht, sieht's auch nicht morgen!
 Was ist´s? Was meine Brust
wohl gar so heiß durchkämmt;
ach! Hätte ich´s nur gewußt,
was meinen Genius hemmt!
So ist meine Mühe nie belohnt
wo nur ein Mensch neben Menschen wohnt.
Und oftmals, wenn ich so allein,,
und sah in weiten Fernen,
den Sternenhimmel, hell und rein,
in nie geahnten Sternen!
Der Mensch dringt in sein ICH hinein,
er forscht die Gesetze Gottes aus;

wohin führt das Ganze nur hinaus?
Von dieser Selbsterkenntnis geplagt,
die meine Seele erkannt,
in die sich mein ICH verrannte,
nur das Schlechte aus mir ragt?
Die Welt ist mein,
jeder Stock und jeder Stein;
so gehört mir alles
durch meiner Feinde Falles!

Gilgamesch bereitet die Arme über die Toten aus.

Auf Rosen gebettet,
schlaft, Kinder, nur,
schlaft den Schlaf
der größeren Natur!

Gilgamesch geht ab.
Der erste Tote steht auf.
Ein zweiter folgt.

Der erste Tote spricht:

Wir waren Kinder dieser Erde,
und lebten einst, vergnügt und froh;
doch niemals lebt sich's immer so;
das Leben ward` uns zur Beschwerde!

Alle Toten stehen auf.
Der Lebensgeist tritt hinzu,
Nun hüpfen sie alle,
heraus es wohl schalle,
aus menschlichen Wesen
das Dunkle gelesen!
Wer hat uns verlassen
von dieser Flur,
Menschennatur,
ahnst du es nur?

Uruk

Ein Saal in der Königsburg

Diane (tritt auf) Ach, was ist mit mir, Was umfängt mich,
was durchtreibt meinen Busen in einem
wohlgefälligen Augenblick, der niemals,
ach, niemals so schön war, als heute.
Ich bin eine Frau, wohl ein weibliches Wesen;
ich handele selbstlos gegen mich selbst,
und anders als die, die in meinem großen
Herzen einen weiten Platz finden. Ja!
Ich glaubte, welch Freude, mich niemals
zu ändern; allein, was meine Seele sagt
hat sich verändert in sturmschnellen
Augenblicken,. Die wie Winde zu großen
bewegten Stürmen heranwuchsen, und
alles durchfluten. Da frage ich mich:
Kann man einen Mann verändern? Ja,
auf unseren König warte ich hier;
er, der Herr von Uruk und Beherrscher
der Welt, ist heimlich heimgekehrt!
In diesen Mauern, von ihm gebaut, er
hat sie entworfen; hält er sich
irgendwo auf; niemand weiß wo! Er selbst
hat ein kaltes Herz, es ist kalt und
noch kälter. Kann Mann einen
solchen Mann verändern? Nein! Nein! Ich
fürchte, es ist vergebens! Doch auf
einen Versuch laß ich es kommen!
Er soll in meinem Herzen einen neuen
Platz finden; er soll endlich
auf den Frieden bauen, und sich ruhig
auf die schöneren Zeiten freuen.

(Geräusche von näherkommenden Schritten und Stimmen.)

Ich höre Geräusche, ach? Ist er's?
Hinter diesem Pfeiler will ich verbergen,
will sehen wer da nun kommt!

25

(Diane verbirgt sich; gleichzeitig treten drei Soldaten ein.)

Erster Soldat Habt ihr's gehöret? Er kehrte zurück!

Zweiter Seit wann?

Dritter Schon vor Stunden kam er heim.

Zweiter Aus einer siegreichen Schlacht!

Erster Siegreich ist sie wohl gewesen!

Dritter Der Feind ist geschlagen,
und mußte fliehen. Gilgamesch ist unbesiegbar!

Erster Unbesiegbar ist er nicht! Habt ihr
von jenem Menschen schon vernommen,
der stark sein soll; in der wilden Wildnis soll er hausen!

Zweiter Ja, von ihm hörte ich schon! Stark wie unser König!

Erster Und kräftig ist er!

Zweiter Ich hörte von ihm, wie er einen Stier bezwang,
und dann auch einen Widder erschlug.
Und ein andermal vernahm ich, wie er einen Fisch,
der so groß war, der sogar Menschen verschlang, besiegte!
Doch nun ist er als Mensch nur ein Mensch,
ich sah ihn in seiner Wildnis hausen.

Dritter Ha! Du hast ihn gesehen?

Zweiter Ja, ich sah ihn. Und es ist nun an der Zeit.
Unser Tyrann muß sterben. Enkidu
ist sein Name. Er kann uns befrein!

(Leichtes räuspern hinter dem Pfeiler.)

Vernahm ihr das Geräusch?

26

Erster Was sollen wir gehört haben?

Zweiter Dies Geräusch, ähnlich einem Niesen!

Dritter Du wirst dich verhört haben!

Zweiter Es kann sein, aber warum sollt er sich irren?

Dianes Stimme Diesem Krieger kann geholfen werden.

(Diane tritt hervor.)

Zweiter Seht, ich habe mich nicht geirrt! Wer seid ihr?

Diane Ich bin die Hohepriesterin in dieser Stadt Uruk.
Ihr sucht den König?

Zweiter Ja, ihn suchen wir!

Diane Und ihr wollt ihn auch töten. Nun es ist an der Zeit,
der Tyrann muß sterben – ich bin mit euch!

Erster Du bist dabei?

Diane Warum auch nicht? Bin ich denn geringer als ihr?
Bin eine Frau, bin auch ein menschliches Wesen,
genauso wie ihr Männer gleich an Rechten.
Und soll ich nicht dabei sein, wenn ein Herrscher stürzt.
Gehen wir, und holen diesen Waldmenschen nach Uruk.
Er allein kann's tun, was wir nicht vermögen.
Und je eher die Tat vollbracht, um so besser ist's!
Gilgamesch wird in das Reich der Toten gehen müssen;
er muß uns verlassen, den Fluß überschreiten.

Zweiter Wann brechen wir auf?

Diane Ich werde nochmals mit Gilgamesch reden!
Wollen warten, wie das Gespräch abgeht,
das unser Gedanken, die tödlich sind, beinhaltet1
Gleich bin ich wieder zurück. **(geht ab.)**

Erster Endlich geschieht etwas, nie mehr werden wir
in unserem Leben kämpfen müssen
und unsere Frauen werden niemals Witwen, und die Kinder,
die jetzt noch klein, niemals Waisen sein!

(Gilgamesch tritt auf.)

Gilgamesch He! Was habt ihr da herum zu stehen?
Geht in euer Lager zurück!

Erster Wir suchten euch, Gilgamesch. Nein,
das ganze Volk ist in Aufruhr gegen dich begriffen.
In jedem Haus ist ein Toter zu beklagen,
der auf deiner Wallstatt liegen blieb.
Siehst du die Zeichen nicht, die gewaltigen! Denke an
den Frieden, nur daran denke. Ja,
der Krieg ist ein Übel für die Menschheit;
lasse ihn aus deinem Geist entgleiten!
Nein! Wir wollen nicht mehr kämpfen!

Gilgamesch auffahrend Was höre ich von euch?
Ihr wollt nicht mehr; dann geht!
Aber nie mehr will ich euch sehen,
denn heute habe ich durch den Sieg gute Laune,
sonst wäret ihr schon im Kerker geworfen!

Zweiter Gilgamesch!

Gilgamesch Fort habe ich gesagt. Ihr sollt gehen!

Dritter Diane!

Gilgamesch Was ist mit ihr?

Dritter Sie will dich sprechen

Gilgamesch Dann soll sie kommen!

(Diane kehrt zurück. Sie wechselt Blicke mit den Soldaten.)

28

Diane Da bin ich schon!

Gilgamesch Soldaten geht!

Erster Kommt, laßt uns gehen!

(Soldaten gehen ab.)

Gilgamesch Was willst du also nun?

Diane Das gleiche was auch die Soldaten gewollt haben!
Warum tatest du den Krieg entfachen;
in Frieden und Eintracht lebten wir bisher.
Tausende von Toten auf deinen Schlachtfeldern liegen;
die Siegesfanfaren klingen mir wie ein Lied voller Trauer!
Lange lebten wir in Frieden, und so war's gut;
dann starb dein königlicher Vater, König wurdest du.
Nicht für den Frieden lebtest du, sondern für den Krieg;
es ist dein Geschäft. Blut siehst du gerne,
doch wir Frauen und Männer, ja unsere Krieger
wollen kein Blut vergießen,
und unsere Söhne sollen nicht sterben!
Warum gebären unsere Mütter sie?
Als lebendes Futter für den Krieg!
Ich will doch wohl sagen: Das nicht!
Oder sind wir in deinen Augen keine Menschen,
oder sind wir in deinen Augen nur Tiere,
dem Abschuß freigegeben; aber wir sind keine Tiere,
denn wir sind Menschen;so kannst du
uns nicht verführen! O nein! O nein!
So geht das nicht!!

Gilgamesch leise dann lauter sprechend
Diane, dir steht es nicht zu,, so zu sprechen;
ihr seid mir verpflichtet, als Hohepriesterin gar,
denn Religion und Krone Hand in Hand
führen die Menschen durch die Menschenwelt;
und meine Taten mußt du preisen;
sie sollen aufgezeichnet werden;
die großen Taten der Nachwelt überliefert werden,

die mich als den größten aller Menschen darstellen,
drum sollen sie auf Ton gebrannt werden,
auf das sie Jahrtausende überdauern;
und die Nachkommen mich
als den wirklich Größten anerkennen.
Das ist mein Wille, wo nur mein Wille zählt!

Diane Dein Wille! Dein Wille!
An gute und schöne Sachen denkst du nicht!
Einmal wirst du dich überheben;
nur Kriege führen, statt etwas anderes!
Sie mich an! Ich bin eine Frau, du bist ein Mann!

Gilgamesch Worauf willst du hinaus?
Bist du nun eine Priesterin oder was anderes?

Diane Priesterin bin ich, ja auch das andere,
oder eine Tempeldirne, wenn das hübscher klingt!
Als Mann wirst du es nicht verstehen,
was mich dazu bewogen hat
irgendwie und irgendwann.
Nein, das wirst dun nie begreifen;
ja, die Liebe, sie verändert die Menschen,
sie ist das schönste auf Erden, und in allen
Seelen aller Menschen, ja, in allen Seelen,
da klingt es so richtig. So auch
in deiner Seele, du willst es nur nicht wahrhaben?

Gilgamesch In der Tat, ich kann es nicht verstehen;
was geht in solch einer Frau, in dir, vor?
Ja, wie sind die Seelen der Frauen beschaffen,
mal so, mal so; o nicht daß ich denke
du wärest anders; nein, du bist ihnen gleich.
Wie die Schwingen der Schwäne im Morgenrot
so leuchtet manch eine Frau! Meinst, ich
hätte es nicht bemerkt? O doch, o doch!
Nur ich bin anders, bin zu gefühllos, bin zu kalt.
Das Denken in meinen Bahnen läßt mich so
und niemals anders handeln. Schon von Kindheit an

30

habe ich so gehandelt; mein Vater wollte es so!
So bin ich Krieger geworden. Ich sollte Herr
der Welt werden, nun ich habe es geschafft.
Ein Traum meines Vaters ging in Erfüllung
und wohin wende ich mich nun? Doch niemals
zu einer Frau, deren Gefühle ich nicht begreife!

Diane Du kannst es nicht begreifen? Warum Nicht?
Immer nur an deine Kriege denkend, da
wirst du mit Blindheit geschlagen!
Doch was zu Hause, hier passiert,
das fühlst und ahnst du nicht!
Sie mich einmal an, mich als Frau;
du wendest dein Gesicht tja ab von mir.
Lang waren unser Herzen vereinsamt,
sie waren durch einen dunklen Teich geschwommen,
nicht einmal der Mond beschien die Schatten
ein ganz qualvollen Nacht.
Selbst mein Ich begann zu verzweifeln, und
es gab in jenen Tagen in jener Zeit keine Hoffnung;
doch man sollte die Hoffnung nicht auf geben, und
war bereit den Tod zu empfangen.
Doch meine Gedanken, sie haben mich erkannt
im Sonnenfeuer der Unendlichkeit, und so
beschloß ich mich zu ändern; denn das Leben
ist kurz, und der Tod doch nur ewig, das Ende.
O nein, so nicht, dachte ich; ich wollte meinen Leben genießen
und aus dem vollen wollte ich schöpfen, so wurde
ich dann dich ich dann wurde; bereute es nie!
So laß uns leben, und du begreifst mich!

Gilgamesch Ich sehe dich, doch wie? Hohepriesterin
bist du für mich – nicht mehr!
Ja, eine Tempelhure und nicht mehr; sage, was
umfängt dich da im Schauern
deiner andern Taten? Ach? Es läßt dich kalt!
So läßt es sich gut sein, alle und jeden
zu lieben. Von deinem Gesichte wende ich mich ab,
ja, ich verbscheu es; nur den blumenreinen
Geist, den liebe ich, Diane, nur den!

Diane verzweifelnd So! Nicht mehr bin ich in deinem Angesicht!
Es ist wahr, kein Mensch hast du je geliebt;
das Kalte in deinen Augen, ich kann's nicht ertragen.
Muß fort von hier! Muß fort!
Nicht eine Stunde länger bleibe ich!
Ich sage dir: Ich verlasse Uruk!

Diane will gehen; Gilgamesch läuft ihr nach und hält sie an einer Hand fest.

Gilgamesch Wo eilst du hin?
Bleibe! Ich weiß wohl was du möchtest;
von mir kannst du es haben; ja,
auch die körperliche Lieb, ach ja,
die kann ich dir geben!

Diane Deine Hand, diese Hand, sie fühlt sich so eisig an;
dein Blut ist in den Adern zu eis gefroren;
das Feuer der Liebe kann dich nicht tauen,
und ich werd's dir nicht bieten können.
Allein, es muß über dich der Feuerorkan der Liebe kommen.
Nur für die Liebe, die körperliche,
ja, nur für di bist du empfänglich;
wo bleibt da die seelische Liebe?
Ih ane es, nie wird dein Herz deine Ablehnung brechen lassen,
und schon gar nicht ei weibliches Herz!
Jedoch aus zwei Geschlechtern besteht die Welt,
und nicht immer wirst du kämpfen!
Wer wird dein Geschlecht erhalten?
Da frage ich niemanden, denn keiner weiß es!
Du bist der letzte deines Stammes,
du mußt für dich und auch für mich was tun;
ja, wenn du erschlagen von Feindeshand bist,
und du tot auf blut´ger Walstatt liegst
da kümmert sich um dich keiner mehr. Sollst du
aber alt werden, weiterleben, da wird kein
Kindergeschrei, das durch die Säle schallt,
deine letzten Jahre versüßen! Auch du
bist als Kind durch diese Säle getobt?!

Wer wird dein Derbe übernehmen? Nicht
ewiglich liebst du in diesen Mauern; du weißt's!
Soll alles in die Hand deiner Feinde fallen;
auch ich könnte dazu gehören!
Aber du sollst mit mir ein Kind zeugen,
und dann sterben! Sterben für ein Kind!

Gilgamesch auffahrend Niemals bin ich gewillt, das zu dulden!
So glaubst du gar, daß ich mit dir ein Kinderzeuge; nein, dazu kannst
du mich nicht bringen!
Warum brauche ich Kinder?

Diane reißt sich los Ja, ja, ich wußte es, es ist vergebens,
denn solche eine Liebe willst du auch nicht.
A gut, drum sei's, ich will und wollte dich;
ich wollte ein Kind von dir. Dachtest du nicht auch daran.
Aber warum willst es nicht sagen! Auch
ich bin stolz, ja, voll unheimlichem Stolz,j
ja, stolz, wie du auf deine Siege!
So hat jeder sein Laster,
was auch seine eig´ne Freude ist.
(leise) So werde ich dich töten lassen!

Gilgamesch Was murmelst du?

Diane Ach, es ist nichts!

Gilgamesch Nichts? Sage es mir, was du sagtest heimlich!

Diane Gut! Ich will's dir sagen! Du sollst es hören!
Nicht ewiglich lebst du in diesen Mauern;
dein Stolz soll gebrochen werden,
vom hohen Rosse wirst du gestürzt.
Ja, du bist die längste Zeit unser Herrscher!

Gilgamesch erzürnt Wer will mich stürzen. Du?
Nie werde ich das zulassen; ich bin ein König
rund bleibe ein König. Wer soll das
Land regieren. Verräter, die mich stürzen?
Niemals, ich werde sie vernichten mit eiserner Faust;

in Fesseln sollen sie geschlagen werden!

Diane Auch mich willst du vernichten?
Soll ich in den Kerker, den dunklen, den abscheulichen,
den mir verhaßten, in Fesseln dort liegen?
Darf kein Licht mehr sehen, keinen Freund mehr haben?

Gilgamesch Ja, wenn es sein muß, und sich
nicht verhindern läßt, so wird's geschehen.
Es kann Morgen oder schon heute sein!

Diane Ach nie wird es sein!
Heute nicht und morgen auch nicht.

Gilgamesch Soll ich dir meine Macht beweisen,
ha, das kannst du haben! Warte nur!

(Ruft nach draußen)

Wache!

(Wache tritt ein.)

Diane Es ist schon gut, es ist schon gut!
Bin ich in Ketten, so ist mein Geist doch frei!

Gilgamesch zur Wache Nehmt sie mit!
Zur Diane So! Das hast du nun davon!
Wer sich mit den Mächtigen anlegt, der sollte
selbst wissen, daß das nicht gutgehen kann, ja,
niemals gutgehn wird. Nun sehe zu!

Diane Laß mich wieder frei!

Gilgamesch Das wolltest du nicht so?

Diane Anfangs ja. Doch ich sprach im Scherz,
du nahmst es gleich für bare Münze!

Gilgamesch Einmal will ich dir noch glauben,
doch wehe, wehe wen du mein Vertrauen
mißbrauchst, dann ist ein Todesurteil gesprochen.

(**Zur Wache.**)

Wache geht!

(**Wache geht ab. Zur Diane gewendet.**)

Gefährlich ist es so zu sprechen,
sage dergleichen nicht noch einmal!

Diane Nein! Nein Ich werde es nicht mehr sagen!

Gilgamesch So, dann gehe. Ich halte dich nicht auf-
Du bist frei. Geh!

(**Diane geht**)

Gilgamesch allein Da geht sie hin! Was geht in ihrer Stirne vor,
Wie sind die Gedanken, die sie mit sich herumträgt,
Nur ruhiges Blut, ich werde es schon erfahren,
soll sie doch machen was sie will!
Ja., ich bin ein Krieger, glücklich, daß ich's bin;
wie könnte ich jetzt, so voller Stolz
meinen Willen durchsetzen und mich zu
größeren Taten aufraffen; so etwas ist mir
immer ein großer Spaß gewesen. Allein, daß ich
mich vor nichts fürchte, so wie die andern,
die mir ans Leben wollen, ist mir ja kein Graus.
Ich führe es auf die Fügung der Götter zurück;
denn mein Vater war ein Gott, meine Mutter von hier,
so bin ich ein Halbgott, und wer kann da mich besiegen?
Ja. wenn die nicht gewollt hätten, so
hätte ich den Kampf schon verloren.
Über mich weiß ich eigentlich nur, daß ich dein Halbgott bin;
zwar bin ich bestrebt, so lange es ein
Sumer und Uruk gibt, ihr Herrscher zu sein!
Aber was weiß ein Mensch über das,

was noch kommt! Wenn ich mich auch
im Grauen meiner Tage selbstlos aufopfere,
so geschieht es nicht um meines Volkes Willen;
nein um des Menschen Willen! Ich bin
ein großer Mensch, ich bleibe es, und nicht,
gar nichts hält,ich davon ab!

(Gilgamesch geht ab.)

Gilgamesch Stimme Auch wenn ich ein Narr bin!

Ein Wald

Enkidu tritt auf Trefflich ist es mir gelungen<,
rin scharfes Schwert, ein gutes Schwert;
denn Schwerter stelle ich her!
Sie sind gerechter, als die, die sie gebrauchen.
Ja, unmöglich ist´s in ein Menschenherz zu schauen;
er benimmt sich wie ein böses Raubtier;
allen die Tiere, Löwen und andere,
die liebe ich sehr; sie sind besser als die
Menschen, die dem Glücke nachjagen.
Der Mensch schreckt vor nichts zurück!
Hat er sich ein Ziel auserkoren, so verfolgt
er es mit einer Zähigkeit ohnegleichen;:
er jagt alles, Grenzen kennt er nicht.
Und zu diesem Zwecke brauchen sie das!
Ich schmiede ihre Vernichtungsmittel;
aber warum schmiede ich sie doch nur?
Ich will und kann nicht mehr!

(Stimmen.)
Nähert sich da wer?
A, ein Soldat ist´s, und noch ein Jemand!

(Ein Soldat tritt auf.)

Soldat Bist du Enkidu?

36

Enkidu Ja der bin ich! Doch was fragst du danach?
Was führt dich nach hier?

Soldat Jemand will dich sprechen; ein Frau,
die Hohepriesterin aus Uruk kam extra her!

Enkidu Wie ist denn ihr Name? Und warum kommt sie?

Soldat Diane ist ihr Name, und um was es geht,
das soll sie dir selbst sagen!

(Diane tritt auf, von Enkidu nicht bemerkt.)

Enkidu Dann seid willkommen, Fremde aus der Fremden Stadt Uruk.
Was möchte sie denn hier?
Möchtet ihr Waffen für den Krieg?

Soldat Nein, das wollen wir nicht! Es geht um Großes!
Ja, sagt ihr, was macht ihr, wenn ihr das nicht mehr könnt!

Enkidu Ich weiß nicht so recht!

Soldat Dann ist es jetzt die Zeit, das rechte zu wählen!
Denn im neuen Zeitalter wird es Wissen geben, und der Krieg
ist verabscheut!

Enkidu Dann bin ich gegen den Krieg, für den Frieden da!

Diana Ich grüße dich!

Enkidu (nun erstaunt) Auch ich grüße dich, Diane!
Ein solch süßes Geschöpf in meiner Einsamkeit!

Diane Hast du noch nie ein weibliches Wesen gesehen?
Hast du noch nie ein schönes Wesen gesehen,
das mir gleicht! Ach, ich bin doch
nur eine unter vielen in Uruk;
also komm mit nach Uruk;
doch allein, der Grund meines Kommens
ist wahrlich ein anderer!

37

Ich habe gehört, und es ist gut so, daß du
gegen den Krieg bist, für den Frieden der Welt!

Enkidu Wahrlich, ich bin gegen den Krieg, und mein
ganzes Wesen ist gegen alles was mit Töten zu tun hat.

Diane Das ist gut; denn auch ich und ad andere sind dagegen -
wollen keinen Krieg mehr!
Und kräftig bist du doch, oder?

Enkidu Natürlich bin ich das!°
Doch was hat das mit dem Krieg zu tun?
Den wir alle hassen.
Ja, ich bin ein Starker, der Stärkste!

Diane Das glaube ich nichts.

Enkidu Soll ich es dir beweisen!

Diane Ja, tue das! Nehme diesen Ast
und breche ihn entzwei!

Enkidu Versuch´s doch erst selbst!

Diane Das schaffe ich nicht!

Enkidu Dann soll es dein Begleiter versuchen!

**(Soldat nimmt einen starken Ast und versucht ihn durchzubrechen;
aber es gelingt ihm nicht.)**

Enkidu Gebt ihn mir!

(Soldat gibt ihm den Ast.)

Seht da. (bricht ihn entzwei) Kann es jetzt noch Zweifel geben,
oder glaubt ihr's noch nicht?
Aber um das zu sehen, darum seid ihr
doch gar nicht gekommen?

Diane Du hast recht!!
Ich mußte den Beweis erhalten,
und ich wurde überzeugt;
ja, der Richtige bist du! Nein,
du allein bist nicht der Stärkste;
denn es gibt noch einen auf der Welt!

Enkidu Ich bin es alleine!
Wer sagt daß ich s nicht bin?

Diane Ich! Und es ist wahr!

Enkidu Nein, nein, das kann nicht sein,
denn ich bin es alleine. Und
wer sollte der andere sein?

Diane Der andere ist Gilgamesch. Hast du
noch nie von ihm gehört? Vom
Menschen der über den Menschen steht.
Ein Halbgott ist's!

Enkidu Ha! Natürlich hörte ich von ihm!
In Uruk soll er jetzt König sein! Ja,
die letzte Schlacht, die er schlug,
ich sah sie, ich war nicht weit;
bald nah, bald ferne tobte das Schlachtgewitter;
und der ganz große Plan,
er füllte sich mit Blut an!

Diane Ja!
Und dieser Mann hält sich für den stärksten der Welt;
allein, er ist auch nie besiegt worden!

Enkidu (zweifelt) Wirklich, noch nie?

Diane Ja, drum kämpfe du mit ihm!

Enkidu Also soll mich Eure Arbeit tun, und
wenn möglich, besiegen!

Diane Auch töten; es wäre die Lösung
für uns alle; ja, Enkidu, das wär's!

Enkidu Warum soll er sterben? Will
ihn Uruk nicht als Herrscher haben?

Diane Nein, wir wollen ihn nicht mehr.
Schon zu lange hat er uns gepeinigt;
nun soll er dafür sterben.

Enkidu Ja, sterben soll er. Dann bin ich wieder allein der Stärkste;
wenn er aber den Plan durchschaut,
ja ihn so gar durchkreuzt. Da
seid ihr dann die Dummen Ha!

Diane Möglich! Es ist möglich! Nun komm schon!

(Diane geht mit dem Soldaten ab.)

Enkidu allein Ich soll ihn besiegen; warum?
Habe ich ihm etwas getan Nein er hat nichts getan.
Ja, warum eigentlich. Schließlich
hat er es nicht nötig, sich mit mir
einen Kampf zu liefern; doch mich wurmt's
daß er gerade sich für den stärksten aller Starken hält.
Nein, wir wollen doch sehen, wer er wirklich ist;
er Gilgamesch, oder ich; nun will ich's wissen!
So werde ich nach Uruk gehen;
schon sehe ich die Mauern der Stadt
vor mir liegen; im Morgenrot spiegeln
sich die Zinnen in der Sonne. Die Wächter
auf den Türmen, beschützen die Stadt
zu schlaftrunkener Zeit, die sich
ganz beruhigt dem Schlafe hingibt.
Doch wehe, das Grauen herrscht schon
in den dunklen Gemäuern jener Stadt,
und ich mache das Grauen noch dunklere.
O, wär' es schon vollbracht; zu grausam,
glaub ich, ist die Tat, die ich selbst

in meinem tiefsten Innern meines Herzens
verabscheue; doch was hilft's;
getan muß sie werden, die schlimme Tat.
Das Böse bricht in jedem Menschen durch;
doch der Mensch wäre kein Mensch,
wenn er sich vom Bösen treiben
lassen würde, das ihn beherrscht.
So muß auch ich gegen mein eigenes ICH,
das in mir schlummert, ob es gut oder böse ist
ankämpfen. Uruk wartet meiner!

URUK

**Der gleiche Saal aus der zweiten Szene.
Diane und Enkidu treten auf.**

Diane Nun komm schon her! Das ist der Saal,
der Saal, in dem der Kampf stattfindet. Seh,
Enkidu, hier wird sich das Schicksal
einer ganzen Menschheit entscheiden! So,
nun ruhe dich erst einmal aus!
Und sag´, wie gefällt es dir in Uruk?

Enkidu Es ist nicht schlecht, ich sage dir,
gar nicht schlecht; also, das ist die Heimat
Gilgameschs, Uruk. Ich verfolge schon
die ganze Zeit die Bauten in dieser Stadt.
Sie sind sehr einfach und trotzdem geschmackvoll
eingerichtet; aber wo ist der Reichtum,
wo ist die Pracht, die alle Mächtigen umgibt?
Wo sind seine Leute?

Diane Seine Leute?
Er besitzt nur wenige; er liebt nicht so viele
Menschen um sich her. Er ist oft allein, und außerdem
für ihn zählt nur ein Menschenleben;
die Lebenden dabei mehr als die Toten, obwohl
Tote bei ihm mehr leben, als die Lebenden!
Enkidu, Enkidu lerne ihn nur kennen!

Enkidu Nur zu, laß ihn mich kennenlernen!

Diane Wart's ab, die Zeit ist bald reif dafür!

Enkidu (Sieht ein Schwert)
Sag an, wessen ist´s

Diane ´s ist Gilgameschs Klinge.

Enkidu So! Hart das Eisen, scharf die Schneide;
ein gutes, wahrlich ein vortreffliches Schwert! Ich
hätt's nicht besser gekonnt!

Diane Nur keine falsche Bescheidenheit;
du bist der beste Schmied, den ich je traf!

Enkidu Niemals bin ich der Beste; der
letzte von ihnen. Ja, ich stehe
noch auf niedrigster Stufe!

Diane Mir kannst du es glauben,
wenn ich dir sage, ich weiß!
die Kraft, die in deinen Händen ist, sie ist
gewaltig; sie schwingen die Hämmer,
sie schmieden rotglühendes Eisen, und
deine Schwerter werden zu Stahl! Ja,
du bist der Kräftigste unter Sumers Sonne,
die wir alle darunter leben!

Enkidu Ach laß es sein, mich zu loben!
Ich möchte es nicht;allein möchte
ich bleiben. Laß mich allein!

Diane Du kannst bleiben; doch allein,
den Kampf besteh´ zuvor! Wart´ hier!
Ich will sehen, wo er ist!
(Diane ab)

Enkidu Nach langer Reise bin ich müde;

42

dort, der Stuhl, der ladet mich zum Schlaf
ein. Ein kurzes Nickerchen tut!
So bin ich zum ersten Mal nach Uruk
in die Stadt eines Weltreiches gelangt;
und hoffentlich, ihr Götter seid gnädig,
läßt das Unternehmen gut enden!

(Enkidu schläft ein. Gilgamesch tritt in der Tracht eines einfachen Kriegers auf.)

Gilgamesch So ist's wahr, mein Gott,
der ich selbst ein Halbgott bin,
was mir Diane erzählte; ich soll gestürzt werden!
Da bin ich doch wahrlich neugierig, wer und was soll mich stürzen;
denn meiner Kraft ist ja keiner gleich;
wer sollte mich stürzen? Doch
hörte ich's nicht im Volke munkeln, daß
man einen Waldmenschen, ha, einen Waldmenschen,
der mir gleich stark sein soll, geholt hat.
Daß ich nicht da in ein Gelächter ausbreche;
wer sich mit mir messen soll, wer mich besiegen will,
der muß erst noch geboren werden. Allein,
in diesem Zeitalter, da wird kein Großer kommen,
ein Großer der Größer als ich!

(Sieht Enkidu schlafen.)

Ha! Sieh da, wer ist das? Wer schläft?
Wer schläft auf meinem Thron, den nur ich besteigen darf!
Auch keinem biete ich niemandem, auch aus Höflichkeit
meinen Thron, ausser einem Gott, an. Und das scheint
mir doch niemals ein Gott zu sein! Wollen ihn wecken!
He da, aufwachen, aufwachen!

(Enkidu wacht auf.)

Enkidu Diane, bist du's? Halt, wer seid ihr?

Gilgamesch (zu sich) Es scheint, er kennt mich nicht!
Will doch sehen, wer es ist, was er macht!

Wer seid ihr und was und was macht ihr da?

Enkidu Ich habe geschlafen; habt's wohl bemerkt.
Gegenfrage: Wer seid ihr?

Gilgamesch Ein natürlicher Soldat, geringeren Grades!
Und wer seid nun ihr?

Enkidu Enkidu heiße ich, ich bin ein Waldmensch!

Gilgamesch Ja, Enkidu, wisset ihr nicht, daß ihr
auf dem Thronstuhl des Herrschers schlaft. Ja,
Gilgamesch sitzt sonst hier und regiert die Welt.

Enkidu Was sagt ihr?

Gilgamesch Es ist der Thron des Herrschers;
aber beruhigt euch, ich habe es nicht gesehen;
ein Glück war's, daß es nicht Gilgamesch sah!

Enkidu Warum?

Gilgamesch Du wärst schon im tiefsten Kerker!

Enkidu Ist er ein so schlimmer Mensch?

Gilgamesch Schlimmer, viel schlimmer;
je er ist der böseste Mensch; er
führt nur Krieg,, an den Frieden denkt er nicht!

Enkidu Das habe ich mir gedacht,
und nur deswegen bin ich hier
hergeeilt, wie der aufgehende Tag!

Gilgamesch Nur deswegen bist du hier?

Enkidu Sagt, könnt ihr schweigen?
Könnt ihr ein Geheimnis bewahren?
Gilgamesch Ja; ich kann schweigen, nicht der

König, nicht der König Gilgamesch soll's erfahren!
Nein, ich bewahre das Geheimnis in meiner Brust

Enkidu Hört: So seid ihr der Richtige
an den ich mich wende! Der
König soll doch stark sein; man sagt
nie ist er besiegt worden, ja,
alle Schlachten trug er siegreich heim.
Jedenfalls hält er sich den unbesiegbarsten,
stärksten aller Sumer; nur eines weiß er nicht,
daß es noch stärkeren gibt, als ihn!
Und dieser Stärkste bin ich!
Ich soll, und ich werde Gilgamesch besiegen;
denn auf Wunsch der Priesterin Diane geschieht´s;
sie holte mich in diese Stadt, in den Palast.
Nun sucht sie Gilgamesch! Ja, ihn
soll ich töten; doch allein, noch habe ich
kein Blut vergossen. Meinst du, ich werde zum Mörder?
Nein, nein, ich werde nicht zum Mörder!
Ich bin nie einer gewesen, und ich
werde auch niemals einer!

Gilgamesch Das Geheimnis,
in meiner Brust bewahr ich allein;
niemand soll hinter unser Wissen gelangen!
Doch sag, weiß noch jemand von diesem
ganz hinterhältigen Plane?

Enkidu Genau wissen´s
eigentlich noch drei Soldaten!

Gilgamesch Können sie auch schweigen?

Enkidu Ja, sie schweigen wie ein Grab.
Wie das Schweigen über einen Friedhof!

Gilgamesch Erzähle niemandem davon, er kann
Gilgamesch zugetragen werden. O ja,
und was tun wir dann? Darum müssen wir
so tun, als gar nichts wär'.

45

Manche Menschen können ihren Mund
ja nie halten; es sprudelt wie eine
Quelle hervor, und was sie sagen, das
ist alles Dichtung mit Wahrheit vermischt!

Enkidu Ja, das ist es wohl! Darum durftest
auch du das Geheimnis nicht erfahren!

Gilgamesch Ja, eigentlich nicht; doch
ich kann schweigen. Wann ist der Kampf, Enkidu?

Enkidu Diane, sie sagte mir: zur Nachmittagsstunde
sollte es geschehen! Wenn das Abendrot
über die Dächer und Gärten Uruks scheint,
da soll, nach ihrem Willen, Gilgamesch
schon in dem Reiche der Seelen weilen!
Ja, mit ihm soll es zu Ende gehen!

Gilgamesch Nun, die ist ja bald!
Komm, laß uns Diane suchen ; denn ich
will sie auch aufsuchen, und ihr sagen,
daß ich an dem freudigen Ereignis teilnehme!
Ja, wir beide verstehen uns schon!

Enkidu Halt!
Ich sollte hier auf Diane warten!

Gilgamesch Komm! Sie wird uns schon finden,
oder wir beide finden sie!

**(Beide ab.
Hier tritt eine Veränderung der Szene ein.
Der Saal hat sich in einen Kampfplatz verwandelt.
Von Ferne hört man schon Stimmen,
und Diane tritt auf.))**

Diane (allein) Nun, ich habe ihn nicht gefunden!
He! Wo bist du, Enkidu? Er sollte
doch warten. Na, er kommt schon wieder!

46

(Die Stimmen kommen näher.)

Höret ihr sie? Das Volk lärmt
draußen vor den Toren; sie warten schon!
Nein! Es ist noch nicht die Zeit, die
Zeit der großen Taten, die geschehen!!
Hört ihr sie, wie dort drängen?
Bald schlagen sie die Portale ein.
Gut, das die Wachen noch das Volk aufhalten;
denn das Volk ist aufgebracht; sie können
nicht die Ruhe bewahren; auf die Eile
auf die Schnelle muß alles gehen.
Jeder will der Erste sein, jeder will
den besten Platz erwischen. Die Ruhe,
sie können sie wirklich nicht bewahren!
Alles geht unstet vonstatten, sie laufen,
sie lärmen für ein Nichts; aber
lang dürfen die Tore nicht geschlossen sein;
sonst dringt noch ein der Pöbel und
Straßenmob. Öffnet die Tore, Wachen,
wenn's an der Zeit, nur früher nicht!
Es geschieht noch früh genug!
Die Tränen, die das Volk vergossen hat,
darf nun der König büssen. Und
der Kampf wird hoffentlich sein, so
wie ich es will. Ja, einer darf nur siegen.
Enkidu, Enkidu mß Sieger sein!
Halt! Sie öffnen die Tore!

**(Diane tritt in den Hintergrund zurück.
Gleichzeitig strömt das Volk in den Saal.)**

Einer aus dem Volk Jetzt ist´s um Gilgamesch geschehen!

Zweiter Das glaube nicht.

Erster Glaube mir, wie ein wildes Tier,
so soll er zerrissen werden, so wollen
wir es sehen, und so soll es geschehen!

47

Zweiter Nein, nicht um ihn, sage ich dir;
um den anderen Kämpfer. Wie heißt er?

Erster Enkidu ist sein Name

Zweiter Aber was sagen Namen!
Namen sind nur Schall und Rauch;
wie sie vergehn, vergehn wir auch!
So werden alle Namen vergehn.
Der Tod deckt alle mit dem gleichen Tuche
zu, und wir, wir warten auch auf sein Tuch.
So wird Gilgamesch in die tiefste Finsternis
gestürzt. Ja, aber Enkidu trifft's
zuerst, nicht Gilgamesch stirbt!

Eine Frau Gilgamesch muß getötet werden!

Erster Was verstehst du denn davon?

Frau Na sehr viel, was glaubst du wohl?

Erster Hast du das gehört? Sie will das verstehen.
Frau, ich sage dir, halte dich heraus
aus den Männerangelegenheiten!

Zweiter Warum soll sie das nicht verstehen?
Laß sie doch! Eine Frau ist auch ein Mensch!

(Enkidu tritt auf.)

Diane (tritt hervor.) Na, da bist du ja!
Wo warst du, Enkidu?

Enkidu Na ja. Ich habe dich gesucht, und
zwar mit Hilfe einer eurer Soldaten
und er zeigte mir den Weg zurück!
O wundervoll ist eure Stadt, sie ist schön!
Warum, nur soll ich Gilgamesch besiegen?
Warum, sage nur warum?

48

Diane Ja, sag, bist du nun bereit, oder nicht?
Kannst du kämpfen, willst du ihn besiegen,
den so fürchterlichen Menschen!

Enkidu Ja, ja, ich bin gerüstet;
wer sollte mich halten? Gilgamesch?
Nein, er nicht!

Diane So ist es!
Er nicht, wie soll er's auch gegen deine Kräfte!
Du weißt, was von dir und deinem Kampfe
abhängt; ein ganzes Volk schaut auf dein Tun!
Drum, Enkidu, tue es gut, damit das Volk
zufrieden ist, mit deinem Kampfe,
und die deiner wohlgefällt!
So mach´ bitte, ´möglich, ja
was so unmöglich scheint!

Enkidu Ich mache das möglich, was mir möglich ist.
Nicht jeder kann tun, was ihm gefällt;
aber mir gefällt nun einmal dieses hier!
Ja, mir gefällt´s! So wie, wenn ein Löwe brüllt
oder wenn ein Elefant trompetet, und ihr
tun hinausschrein in die Welt,
auf daß jeder wisse, wir sind
die Mächtigsten, und nichts wagt sich
heran; und doch scheint mir das alles
nur ein Traum, eine Nebeleinbildung zu sein!
Nur einmal träumte mir – lang ist´s her -
als würde etwas Unerhörtes geschehen,
so, als wär' es mir schon durch, hör´,
einen Kindertraum, der bald wahr,
bald Lüge ist, bekannt. Ja,
ich weiß nicht, warum es geschieht;
aber ich weiß, es wird geschehen!
Tja, oft werden werden wir an diesen Tag denken,
der für uns beide ein großes Glück bedeutet;
größer als jede Regung, die ich bisher
verspürt habe, und doch nicht so groß,

wie ich einstmals, bei der Geburt,
als ich ins Leben trat, gespürt habe.
Auch für Gilgamesch ist´s ein großer Tag.
Und Diane, ich sag dir, zufrieden
wirst du sein, wenn's durchgestanden ist!

Diane Ja, ein besonderer Tag wird's wahrlich werden!
Ach, käme endlich Gilgamesch, so
könnte ein neues Kapitel geschrieben werden.
Eine neue Seite in dem großen Buche
der Geschichte; der Nachwelt verkündet!

(Ein Herold tritt auf.)

Herold Der König! Der König!

(Fanfaren. Gilgamesch tritt auf.)

Gilgamesch Wer rief mich? Warst du das, Diane?
Und warum riefst du das Volk?

Diane Ja ich rief sie, und sie kamen alle.
Heute sollst du sterben! Der Tag,
er ist gekommen, der Tag einer süßen,
grauenvollen, unheimlichen Rache!
Es wird ein prächtiges Schauspiel
abgeben, und das Volk von Uruk,
sie werden deine Schande erleben!
O nein, sie sind keine Narren,
keine Komödianten; es sind Menschen,
die ihr eigenes Leben leben wollen,
und sie dulden keine Vorschriften,
die auch von Menschen aufgestellt sind.
So werden sie dein Gesetz brechen;
denn die Zeit, die Zeit, deines Todes ist gekommen!

Gilgamesch Meine Zeit des Todes,
sie ist nie und nimmer da!
Wer sollte mich töten? Ha! Ich sage,

wer soll es sein, und doch,
er tut nicht gerne, das Töten!
Enkidu heißt er!

(Erstaunen im Volk. Diane wird blaß.)

Was ist mit dir? Du wirst ja blaß!
Nicht wahr, so ist es doch?

Diane Ja, es stimmt. Da du es schon weißt,
ihr kämpft zusammen!

Gilgamesch Und wenn ich nicht will!
Was willst du da machen?

Diane Ich weiß, du willst!
Nun, Enkidu, trete hervor!
                    (Zum Volk.)
Und ihr, Volk, macht Platz!

Enkidu (zu Gilgamesch)
Hör mal zu, dich habe ich schon gesehn!
Wo warst du nur? Das Gesicht,
es kommt mir bekannt vor, und
es ist doch, ja, anders!
Irgendwas ist neu an dem Wesen;
was, nur was ist neu?
Ich möchte wissen!c Wo habe ich ihn,
diesen König, schon einmal gesehen?

Diane (einfallend) Es mag schon lange her sei!
Erinnere dich an die Schlacht!

Enkidu Nein, lange war's nicht her!
Ja, jetzt weiß ich´s wieder!
Du siehst einem ähnlich,
ja, einem Krieger, den ich traf!
Es ist die gleiche Gestalt, nur es wo so,
ja, so gütig; das Gesicht eines abgekämpften Soldaten,

51

der einfach nicht mehr kämpfen will!

Gilgamesch Ich bin ihm nicht nur ähnlich;
sondern, ich war der Soldat, den du
hier, in diesem Saale trafst!

Enkidu Ich kann es nicht glauben,
das mußt du mir schon beweisen!
Ich weiß, du bist es nicht!

Gilgamesch So! Ich bin's doch!
Ich werde es dir beweisen. Die Tatsache,
daß ich deinen Namen kenne, ist schon Beweis genug!
Doch ich werde dir sagen, was ich
als Soldat zu dir gesagt habe!
So höre meine Worte; ich sprach sie zu dir:
„Erzähle niemandem davon, er kann
Gilgamesch zugetragen werden. O ja,
und was tun wir dann? Darum müssen wir
so tun, als gar nichts wär'.
Manche Menschen können ihren Mund
ja nie halten; es sprudelt wie eine
Quelle hervor, und was sie sagen, das
ist alles Dichtung mit Wahrheit vermischt!"
Dies waren meine Worte, oder?

Enkidu In der Tat, es waren seine Worte!
                (Raunen durch das Volk. Enkidu fährt auf.)

Es ist kein Zweifel! Er ist´s! O,
dann bist du ja doch der Soldat!
Sag´, warum hast du dich denn als anderer
ausgegeben, nicht als König, sondern als Soldat?
Du hast mich betrogen! Ja,
schändlich betrogen!

Gilgamesch Ich habe dich nicht betrogen,
nicht als Soldat, nicht als König!
Der König hat's nicht erfahren, nur der Mensch

Gilgamesch, und der Mensch schwieg!
Ich habe es versprochen, und ich hab's bewahrt,
hier an meiner Brust, nah am Herzen!
Was glaubst du nur, was ich getan hätt"'´,
wenn ich es als König erfahren hätte.
Nicht von dir, sondern von irgendwoher!
So habe ich auf die Dinge gewartet,
die da kommen sollen! Sie sind gekommen!
Wir werden kämpfen! O ja, denn ich will
auch wissen, was du wissen willst!

Gemurmel im Volk Ja, kämpft! - Nur zu! - Fangt schon an! -
Wird es bald was! - Wir warten darauf! - Nur zu!

Enkidu Nicht mir tue ich den Gefallen
nur dem Volke zur Liebe; wenn wir kämpfen sollten!
Und wir werden kämpfen! Du
hast mich betrogen, so werde ich
dich töten, zum erstenmal einen Menschen!

Gilgamesch Du wirst mich nicht töten! Ich werden
allein überleben; deine Knochen
liegen gebrochen dort dort! Deine Augen,
sie sind starr geradeaus gerichtet!
Nun komm, ich habe keine Zeit!

Enkidu Ja,
du hast wirklich keine Zeit mehr;
deine Augen sind gebrochen, nicht meine,
und tot liegst du am Boden!

Gilgamesch Nun ist meine Geduld aber zu Ende!
Wir kämpfen! Na , komm schon!

(Volk tritt zurück. Gilgamesch und Enkidu kämpfen.)

Gemurmel im Volk Gilgamesch gewinnt! -Nein, Enkidu! -
Ach was, Gilgamesch! - Seh! Er unterliegt! -
Da! Sie stehen beide! - Was ist das? -
Halt! Da fallen sie beide! -

(Beide stürzen zu Boden.)

Irrsinn! -
Gilgamesch gewinnt! - Enkidu gewinnt! -
Sie erheben sich nicht! - Sie sind zu matt! -

Diane He! Soldaten! Kommt! Tragt siegen
auf ihr Lager! Sie haben gekämpft
bis zum Umfallen. Ermattet liegen siegen
nieder. Was sol nun werden?
Sie sind gleich stark; ja,
jeder ist des anderen sein Meister und Bezwinger.
Unsere List ging nicht auf. Flieht! Flieht!

Gilgamesch Halt! Zurück, flieht nicht!

(Steht wieder auf.)

Ich bin nicht tot, wie ihr's erhofftet,
glaubtet, und sogar gewünscht habt!
Ich fand meinen Meister; denn er ist genauso
stark, wie ich. Wir konnten uns nicht töten! O,
ich sage euch, ab heute beginnt es,
das schöne Leben. Ihr habt's gewollt!
Der frieden soll jetzt auf Sumers Erde herrschen,
und nichts soll mehr den Krieg entfesseln.

(Zu Enkidu, der auch aufgestanden ist.)

Nun, Enkidu, wollen wir uns noch töten?
Nein, nein, sage ich, warum auch?
Wir wollen Freunde werden, wir wollen Freunde sein!
Ach, es ist so schwer, einen wahren Freund zu finden!
Sogenannte Freunde mich umgaben; sie waren heuchlerisch, sie sagten
nicht die Wahrheit;
ihre Taten galten nur ihrem eigen Zweck; sie sind flatterhaft
in ihrem Denken. Sie sind keine Freunde.
Alles, was ihnen gefiel, nahmen sie;
sie glaubten, ich hätt'' es ihnen gegeben!

54

Nun jetzt gebe ich ihnen nichts mehr hergeeilt
für diesen falschen Freundschaftsbund!
(zum Volk.) Er sollte mich töten! So sagte er es mir!
Warum aber? Er wollte ja nicht töten!
Kein Grund liegt für diese Tat vor. Ist es
vielleicht reine Mordlust, allein,
er ist kein Mörder! Und ich? Ich bin auch keiner!
Ja, er ist nie einer gewesen. Ja, das Volk,
als König wollt ihr mich nicht mehr!
So werde ich mir überlegen, ob ich euch weiterführe.
O, schon lange wußte ich, was in eurem Herzen
so vorgegangen ist. Da frage ich mich:
Bin ich euer König Oder bin ich´s nicht?
Eine Antwort wollt ihr geben; doch ihr könnt
mir eine Antwort nie geben. Warum?
Ja, weil ihr sie selbst nicht kennt!
Ich kenne sie jetzt; denn ich habe mich erkannt.
Ich werde keine weiteren Kriege führen; seht,
die Zeit des Kampfes ist nun vorbei!

(Jubel im Volk.)

Ich habe einen Freund gefunden, einen wahren!
Un du, Diane, glaubtest, daß ich sterben werde!
Es war ein Trugbild, eine Fata Morgana,
deine Hoffnung, daß ich sterben werde!
Es hat dich getäuscht, wie jene Erscheinung!
Jaja, man kann sich leicht täuschen,
man kann leicht falsche Vorurteile abgeben,
über Menschen, die man glaubt zu kennen,
und nachher stellt sich heraus,
man kennt sie doch nicht! Ja, was ist?
So sprachlos, dir hat es die Sprache verschlagen?
Es wußte keiner, daß es so kam, so auch du
und ich nicht; aber es ist so gekommen!
Diane, Diane! Freue dich, daß es so
gekommen ist. Ja, das Leben ist schön!
(Zu Enkidu.) Ja, Enkidu, laß mir deine Hände geben;
wir wollen damit unsere Freundschaft besiegeln,

wir wollen immer Freunde sein und bleiben,
und die Freundschaftstreue halten wir hoch!

(Geben sich die Hände.)

Nun, reich mir, mein Bruder, deine Hand,
und laßt sie uns verschließen;
für ewig wollen wir Freunde sein,
und unser Glück geniessen!

(Lösen die Hände.)

Nun sind wir Freunde, für immer und ewig!
Ja, ich freue dich mit dir, und die Freundschaft,
sie wird auch mit dem Tode nicht enden!

Enkidu Ja, ich bin dein Freund und Bruder geworden.
Du sprachst aus meiner Seele heraus.
So wie die Rosen erblühen,
so strahlt unsere Freundschaft hier!
Wir tun es vor aller Welt kund,
und schreien es auch hinaus.
Wir sind Freunde!
So wie der Löwe mächtig brüllt,
wie laut es auch sei, und klingt,
die Nachtigall ihr Lied
in dunklen Nächten singt;
so klingt unser Freundschaftslied
alleine durch die Nacht;
da tönt es laut und auch so klar,
als hätt's ein Gott gemacht!

(Enkidu weint.)

O Gilgamesch, ich habe es geahnt,
daß dieser Tag ein ganz besonderer wird!
Allei, meine Tränen brauch ich nicht zu verbergen;
sie sind aus der Freude entsprungen!
Sag, hat dein Herz auch so wild gesungen?

Meines sang für Augenblicke; doch nun nicht mehr.
Und deine Augen, sie glänzen ja, wie ein Spiegel
ist dein Angesicht. Eine holde Zier
ist alles, was uns dazu trieb, Freunde zu werden!
Und ich freue mich, ja, ja, ich freue mich,
daß wir nun Freunde geworden sind!
Ich freu mich! Ich freu mich!

(Geht weinend ab,)

Gilgamesch Ihm sind die Tränen aus den Augen geflossen,
und sie fließen in mein Herz zurück!
Ein Mensch gab nie mehr, als seine Treue aufzuopfern.
Wer kann sie je so opfern?
Allein, unser Denken, unser Fühlen, bleibt nicht
verschlossen. Und geöffnet sind unsere Herzen!
(Zur Diane.) Ja, Diane, ich habe mich geändert;
jetzt kannst du ein Kind von mir haben!
Ja, ich warte auf meinem Zimmer auf dich,
und so laß uns lieben, uns beide engumschlungen!
Diane, ich warte auf dich! - So,
nun geht aus dem Weg! - Ich muß ihm folgen!

(Gilgamesch geht ab.)

Diane Es ist geschehen, was ich nicht vorausgesehen;
die Zeit heilt nicht nur unsere Wunden;
zu spät geschah, was wir vollbrachten,
zu spät war unser Tun und Trachten!
Geht hin zu Gilgamesch! Er ist euer
König! Na, geht hin und folget ihm!
Ihr sucht doch nicht mehr mich?
Eine Mörderin, die ich fast geworden wär';
die Freundschaft, die er mir gewährte,
ich gab sie hin, für eine Idee!
Doch er hat sich geändert, da muß
Diane sich auch ändern! Sonst bin ich
dieser Stadt und seinem König nicht würdig!

Ich bin zur Verräterin geworden, und doch,
er hat mir verziehn. Jetzt will er ein Kind,
und ich will ihm eines geben! Endlich
hat er erkannt, daß das Leben auch süß und schön
sein Kann, auch als Mann. Geht! Geht!
(Alle ab.)

DIANES ZIMMER

Diane allein

Ja, du mein Kind
in meinem Bauch,
ich fühle dich,
und du fühlst mich auch!

Du bist schwach,
und bist so klein,
du willst zu Tag,
und bist doch noch mein!

Vater sagt:
Er liebt nur mich;
er hat's gewagt,
nun liebt er auch dich!

So kamst du
in meinen Bauch,
so kommst du raus
wie wir alle auch!

Ja, du mein Kind
in meinem Buch,
ich fühle dich,
und du fühlst mich auch!

VOR DEN MAUERN DER STADT URUK

**(An der Stadtmauer. Ein Busch
Gilgamesch und Enkidu treten auf.)**

Gilgamesch Diese herrliche Luft , in Zügen genossen;
der Odem, der unsere Herzen treibt an, der Motor
unseres Lebens. Nun sind unsere Gedanken eins!
Ich faß es einfach immer noch nicht;
mir scheint´s unglaublich zu sein,
allein, ich muß es glauben! Ja,
es ist die Wahrheit, daß es so ist!
Nun hat uns der Pfeil der Freundschaft getroffen
er sitzt wohl tief in unserem Herzen.
Es schäumt mein Blut in den Adern, es wallt
und erregt sich, wenn ich dich seh vom Nahem!
Vor dieser Mauer traf ich dich wieder!
Sag! Wo willst du hin? -Willst ohne mich gehen?
Warte nur! Ich gehe mit dir!
He! Freund, laufe nicht so schnell, nun lauf doch nicht!
Sage mir, warum willst du nicht in Uruk bleiben?
Du bist mein Freund, ich dränge nicht danach,
daß du es mir preisgibst, was dich bewegt!
Sagst du es nicht, so ist´s gut, und sagst du's,
so kann es mir auch recht sein, nicht wahr?

Enkidu Ja, was macht's, ich bin dein Freund!
Sage ich es dir, so bleiben wir Freunde,
sage ich es dir nicht, so bleiben wir's auch!
Und doch werde ich´s dir sagen! Du wirst mich verstehen,
du mußt mich begreifen, so begreifst, so begreifst du alles!
Als ich nach Uruk kam, was wußte ich von der Welt?
Du hast mir die Augen geöffnet, und Diane. So
werde ich weit fort von hier gehen, weiteren das Land hinein, über
Berge und Täler gehen!
Schauen wie andere Völker leben, und deren Denkweise,
ja die will ich begreifen. Und neue Abenteuer

bestehen. Mein Freund, gehe du nicht fort;
was soll aus aus deinem Volke werden? Willst du
es im Stiche lassen! Und das nur meinetwegen!
Du wolltest, daß nicht Verräter regieren. Jetzt
werde nicht zum Verräter an deinem, eigenen Volk!
Ja, du wirst zum Verräter, nämlich, wenn du mit mir gehst!
Und was soll aus deinem Kinde werden; was soll's
aus Diane werden? Ohne deine Kraft
sind beide verloren. Drum bleibe,
und höre auf meinen Rat!
Und dann wische noch die Blutschuld ab,
die du auf dem Herzen trägst. Mache
deine Seele sauber. In deinem
 Lande tue viel Gutes!
Du mußt es tun! Bauen Schulen, baue Strassen!
Ja, werde ein Friedensfürst, vollende den Frieden
in der höchsten Form, und tue es gleich!
Es ist das Beste, was du je tun kannst!

Gilgamesch Dein Rat, er ist wohl gut gemeint,
den ich aus deinem Munde vernahm; alleine aber halten kan ich ihn
nicht, niemals!
Ich, ein Friedensfürst? Zu viel Feinde schuf
ich mir! Nun hör´ mal zu! Wenn sich diese verbünden,
wenn diese mich überfallen! Dann muß ich ja doch
wieder zum Kriege rüsten. Ich habe dem Volke
versprochen Frieden zu halten! Denk mit bedacht;
mein Versprechen, wie soll ich es halten?
Ich kann es gar nicht einhalten, und sei es gegen
meinen Willen. Ich lege die Krone nieder, noch heut´!
Dann werden wir der Sonne folgen; niemals
will ich diese Stadt wiedersehen. Hör´,
es gilt einen Nachfolger zu suchen;
denn was ist ein Volk ohne Herrscher,
es ist wie eine Frucht ohne Baum.
Ja, es muß einen starken Halt bekommen,
nachdem sich das Volk orientieren kann!
Und jener soll das vermögen, was ich

60

niemals mehr vermag. Den Frieden zu halte!
Ich weiß auch schon wer!

Enkidu An wen du auch nimmer denken magst,
man muß es alleine tun! Auf nichts ist mehr
Verlaß, als nur auf sich selbst; glaube mir!
Doch sag´, wer ist´s?

Gilgamesch Es ist kein Er,
es ist eine Sie, es ist eine Frau!
Nun ja, es ist Diane!
Sie wird meine Stelle einnehmen, siegen
wird leiten, was ich nicht vermag!

61
Enkidu Und was ist mit dem Kind? Sag´,
was ist mit dem Kind?

Gilgamesch Ja,
es bleibt, denk ich doch, bei ihrer Mutter!
Warum soll keine Weltherrscherin auch Mutter sein?
Ic h möchte dir sagen, das ist doch wohl egal!
Nun komm schon, zum letztenmal mein Kind noch sehen,
dann verlassen wir diese Stadt Uruk.

**(Gilgamesch und Enkidu gehen ab. Nach kurzer Pause tritt die
Göttin Ischtar mit einem Bogen und Pfeil auf.)**

Ischtar (allein) Ich kam auf diese Welt, aus einer andern Welt,
ich kam im Zeichen meiner Würde zu meiner Stadt!
Seht her!

(Holt eine Frucht hervor.)

Diese köstliche Frucht, die Liebesfrucht,
diese Frucht aus dem Garten Eden selbst.
Und hier, dieser Bogen, nebst dem Pfeil
ist meine kriegerische Seite. Nicht jeder spürte
diesen Bogen; aber wer ihn spürte,

diesen Bogen, der vergißt´s
sein ganzes Leben nicht! Sei es nun im guten Wesen,
oder aber im bösen Wesen; denn in meinem Wesen
liegt die ganze Menschheit offen;
denn das eine hat mit dem andern zu tun!
Die Liebe und der Krieg, ein Gegensatz ohnegleichen;
sie sind verborgen im Dunkel meiner Seele,
 und manchmal tritt das Eine; dann das Andere hervor!
Wenn ich lieb, dann bin ich eine hingebungsvolle
Gefährtin für meinen Freund, und er muß mich lieben!
Ja, liebt er mich nicht, da bin ich voller Haß,
und meine Vernichtungskraft tritt elemtar hervor.
Und wehe, wehe, läuft er mir in in die Arme,
die ihn liebkosen wollten, da umschließt ihn
der Tod; aber läßt er mich gewähren,
so liebe ich ihn mit der ganzen Kraft einer Frau,
so elementar und gewaltig wie nie zuvor! Er
soll glücklich sein, und sich in meinen Armen wiegen,
da wird er es nicht bereuen, im ganzen Leben nicht!
An diesen Mauern, da wird sich alles entscheiden!
Wie mag es nur enden; denn hier ist die Entscheidung,
die einen Menschen zum Menschen macht!

(Der Stier des Himmels kommt und grast.)

Was ist das? Was will nur das Tier hier?
Der paßt mir auch nicht in mein Konzept!
Muß er denn gerade hier fressen;
ist das Gras anderswo nicht so saftig, als hier?
Hier auf dieser Weide, wo ich einen Menschen treffen will!

(Stimmen.)

Schon höre ich menschliche Stimmen kommen,
nun muß ich mich verbergen!
Hoffentlich geht es gut? Ach,

(Ischtar verbirgt sich hinterm Busch.)

ich habe keine Zeit ihn mehr zu verjagen!
Was die hier nur wollen? Ich will doch hören
und sehen was sie hier zu tun haben!

(Gilgamesch und Enkidu kehren wieder.)

Enkidu Nun ja, wie ich es dir sagte, Mein Freund,
bleibe in dieser Stadt! Dein Volk dich braucht!
Komm, laß uns als Freunde scheiden!

Gilgamesch Nein, ich kann nicht bleiben, du weißt warum!
Ich gehe mit dir, in andere Länder,
die neu zu schauen, viel zu sehen, und kennenlernen,
und was ich bisher nicht gekannt, kenne ich dann!
Neue Gesichter, neue Sprachen, alles ist neu, was ich seh!

Ischtar (leise) Was er sagt, was er nicht will
des Menschen klagen stehn nicht still!

Enkidu Nein, Gilgamesch, bleibe in dieser Stadt,
du bist hier aufgewachsen, du bist hier zu Haus!
Du hast wirklich alles, was du brauchst!

Gilgamesch Ich habe zwar alles; aber allein,
ich fühle irgendwas fehlt mir noch!

Enkidu Es sind menschliche Regungen;
ich glaube, dir fehlt die wahre Liebe!

Gilgamesch Das mag sein, was in meinem Herzen
sich so bewegt und regt!

Enkidu (sieht den Stier)
Sieh einmal, Gilgamesch, was für Tier;
mir scheint's, daß ist ein anderes Wesen, das hier grast,
und seine Hörner glänzen im Licht,
goldig sich die Sonne dran gebricht!

Gilgamesch Wo kommt er her? Ich muß ihn erlegen!

Ischtar (leise) Mein Gott, der treibt´s verwegen!

Enkidu Nein, laß es sein,
es kann der Stier der Götter sein!

      Gilgamesch Was kümmern mich die Götter?
Noch in dieser Stunde ist er erlegt!

(Zieht sein Schwert.)

Ischtar Besitzt er die Kraft, den Stier zu töten? Nein!
Aber ich geb sie ihm. Er ist der Mann, den ich liebe!

(Spannt den Pfeil in den Bogen.)

Jetzt eine ruhige Hand
den Pfeil in den Bogen
und zum Himmel gesandt!

(Schießt ihn gen Himmel.)

Er gewinnt nun die Götterkraft,
aus dem Staube gewonnen.
Von dem Staube zerronnen
die starke Menschenkraft!
So! Nun wird er erlegt!

Gilgamesch Ich fühle Kraft, als hätt' ich sie neu
gewonnen; mächtig spannen sich die Muskeln an.
Um den Stier ist es geschehen!

Enkidu Nein! Laß es bleiben; Folgen kennen wir nicht!

Gilgamesch Ach was! Du hast Angst! Enkidu was soll kommen?n Es
kommt ja nichts! Ja,
nichts was wir nicht meistern können!(Tötet den Stier.)

Ischtar (leise) Es ist geschehn, er tötete den Stier,
die Kraft, die ich ihm gab, vollbrachte es hier!

Gilgamesch Der Stier ist tot! Seh! Das Blut!
Es ist nicht rot, schau, es ist blau!
Enkidu, ich trinke das Blut!

**(Gilgamesch trinkt vom Blute des Stieres. Es wird darauf dunkel
und gleichzeitig schweben Geister vorbei;)**

Enkidu Nein! Nein! Was ist das?

Gilgamesch Was?

Enkidu Hörst du sie nicht, die Stimmen?

(Gilgamesch ist eingeschlafen.)

Enkidu Jetzt schläft er ein, auch ich werd´ müd´,
der Zauber über alles flieht!

(Enkidu schläft ein.)

Stimme von oben
Was schreit herauf.
Zu uns hinauf?

Stimme von unten
Was dringt herab
zu uns herab

Stimme von oben
Es sind menschliche Taten
zu menschlich geraten.
Die Welt scheint tot
im Morgenrot.
Es starb der Stiere an dieser Schwelle,
verreckte hier,
an dieser Schwelle!

Stimme von unten

Seh da! Ein Mann,
er wagte den Stich!
Darauf er dann
wagte er selber sich!

Chorus (zusammen)

Laßt ihn uns tragen,
ohne verzagen,
ins andere Land,
ganz unerkannt!
Nehmt sie wohl zur Hand,
wie schlafen,
wie wir sie trafen,
drum auf, hinauf, ins andere Land!

Ischtar Ich glaube, ich hatte ihn schon,
jetzt entführn Geister den holden Sohn!

Stimme von oben

Wie ein Wirbelwind
durch die Sonne,
ach wie ein Kind
in der Wonne!
So hören
sie nichts
von Chören
des Lichts!

Stimme von unten

Wo spielen meine Kinder
in den Wind
Geschwinder
sie über allen Äonen hinweg
zum Schönen, gedrungen sind!

Chorus (zusammen)

Wir pflückten Gladiolen,
wir haben sie gestohlen;

wir plückten die Rosen!
Wer gab uns Almosen?
Sie gab keiner
ach, nicht einer!

Ischtar Geister, laßt mir meinen Sohn,
sonst sprech ich zu euch im andern Ton!

Stimme von oben
Wer redet da? Wer ist da nah?

Ischtar Ich bin's, die Ischtar!
Kennt ihr mich nicht,
vermaledeite Geisterschar,
an meinem Gesicht!

Chorus (zusammen)
Wir kennen dich
wir rennend,
wir retten ihn nicht;
auf geht's zum Gericht!

Ischtar Laßt ihn doch mir,
auf meinen Schoß;
ich sprech euch hier
von allem los!

Stimme von oben
Nun müssen wir fliehen
an den anderen Ort!

Stimme von unten
Nun müssen wir ziehen
von der Stelle fort!

Chorus (zusammen)
Fliegen, wie die Eulen,
die in der Nacht heulen;

so schwingen
so dringen
wir hinauf,
allmal zuhauf!
Jetzt hier weg,
frech und keck,
alles zum Gruß,ein Götterkuß!
Jetzt weg, jetzt weg!
Nehmt ihn auf,
den Menschenspeck,
und dann hinauf!

(Geister tragen Gilgamesch und Enkidu fort.)

Ischtar Nun sind sie weg! Wo sind sie hin?
Aus meinen Augen, nicht aus dem Sinn!
Nun scheint der Spuk endlich vorbei zu sein!
Wer kommt da? Meine Tochter Diane ist´s!

(Diane tritt auf.)

Diane Was für einen himmlischen Gesang hörte ich? Allein,
was sie sangen, ich verstand es nicht!

Ischtar (tritt hervor) Ich kann's dir sagen;
ich verstand sie, die Geister, die sangen!

Diane Warum sagst du es nicht? Und wer bist du denn
die du da so herrlich stehst?

Ischtar Ich bin's, die Ischtar!

Diane Eine Göttin! Mich trifft der Schlag!

Ischtar Der Singsang, den du hörtest, er galt der
Entführung Gilgameschs und Enkidus.
Da seh! Der Stier, Lieblingsstier der Götter,
erschlagen durch Gilgameschs Hand. Die Rache
folgte auch sogleich auf dem Fuße!

Diane Ach!

Ischtar Nun ist Uruk ohne Herrscher!
Du sollst Herrscherin sein; ich bestimme
dich dazu! Du weißt, daß Uruk meine Schutzstadt ist!
Ich kann allein darüber bestimmen, wer der neue Herrscher wird? Du!

Diane Nein! Ich will nicht, und ich kann's auch nicht.
Ich bin schwanger, und bekomme ein Kind
von Gilgamesch. Du siehst, ich kann nicht!

Ischtar Das ist kein Hindernis;
du gebärst dein Kind schon, ohne daß du deine Aufgabe
nicht erfüllen kannst! Nur verzweifeln darf man nicht!
Hier hast du einen Pfeil! Er verhindert, daß du mit
Kampf nichts zu tun hast ; er wird dich beschützen;
doch wehe, du besitzt ihn nicht mehr, so ist´s
um dich geschehen, dann bist du bald tot.

Diane Ich soll Weltherrscherin sein? Gerade ich?
Dazu bin ich nicht geboren worden, Ischtar!
Ich wurde Priesterin, sogar eine Hohe Priesterin!

Ischtar Ja, aber töten wolltest du! Anmaßen, daß er
nicht regieren kann: Ich übergebe dir das Amt;
er wird vorerst nicht zurückkehren!
Geister trugen ihn hinfort. Wohin? Niemand weiß es!
Nicht mal ich als Göttin, doch bald werde ich es wissen!
Auch will Gilgamesch gar nicht zurückkehren;
er sprach davon,bevor er entschwand.
Aber das Volk muß einen Herrscher haben,
und du wirst Herrscherin werden!

Diane Was? Ich!
Ich soll die Erste sein? Nein!

Ischtar Ja, du! Es ist mein Wille; ich übergebe dir
dieses Amt, und geleite und

begleite dein Volk in den goldenen Frieden!
Dein Gewissen wird nicht ruhen, wenn du
diesen Schritt niemals zu tun wagst!

Diane Ich soll Frieden halten? In einer Welt,
in der der Friede Friede geben sollte, und
ihn doch niemals gab. Da ist mir nicht wohl
bei dem Gedanken, und doch will ich Frieden
verbreiten, so schwach ich auch bin!

Ischtar Löblich ist dein Tun; allein was bleibt dir übrig?

Diane Ja, was bleibt mir übrig! Ich sah das Elend? Ich sah das Elend
und die Not der Welt, die der Schwachen, die der Armen!
Und ich sage dir: Sie muß gemildert werden, ja
und wir müssen die Armut bekämpfen, vernichten!
Sollte Gilgamesch zurückkehren,
so will ich sagen: Was ich tat, es ist mir gelungen!
Ja, mein Werk ist getan. Es gefällt mir sehr!
So werde ich Schulen, Straßen bauen, und die Kultur,
sie soll neu erblühen. Ja, das Volk wird bekommen,
was es erwartet, und ihre Erwartung wird nicht betrogen
werden. So muß ich ihnen zuerst die Wahrheit sagen,
über die Entscheidung, die ich für sie treffen will!
Und sie müssen sie gutheißen, ja, sogar begrüßen!

Ischtar Männer und Frauen von Uruk werden es verstehen!

Diane Hoffentlich! Denn ich muß die Last tragen,
die mir aufgebürdet wurde; aber ich befürchte,
daß ich an der Last zusammenbrechen kann!

Ischtar Gehe ruhig! Solange ich über Uruk wache,
da kann dir kein Leid geschehn!

(Diane ab.)

Nun schnell fort von hier, wo meines Bleibens
nicht mehr länger ist. Warum? Warum mußte ich

mich in Gilgamesch verlieben? O ja, sogar unsterblich.
Sagt mir, die ihr liebt, warum in ihn?
Denn für ihn könnte ich mein Leben opfern,
für ihn könnte ich mein Leben opfern,
für ihn würde ich sterben, für ihn alles tun!
Mein Herz ist voll überschäumender Freude, die
quillt und schäumt und brodelt, wie ein Vulkan,
der ausgebrochen ist, und sein glühendheiße Lava,
die auch brennt, wie meine Liebe, über alles ausschüttet!
So bin ich durchdrungen von einem Wonne gefühl,
das so unendlich warm, so unendlich heiß,
und wie die Sonne auf Erden selber, ist!
Da bin ich über alle Maßen glücklich,
so zufrieden, und auch himmlisch eingestellt,
daß ich mich selber kaum wiedererkenne!
Da werde ich für ihn etwas tun, glaubt mir,
was noch nie eine Göttin für einen Menschen tat!!
doch, allein, Geister entführten ihn mir!
So muß ich ihn nun suchen gehen, und finden.

(Ischtar ab.)

Zweiter Aufzug

Tief bedeckte Nacht

(Die Geister fliegen vorüber und tragen Gilgamesch und Enkidu mit vorbei.)

Erste Stimme

Flieht! Flieht! Ihr Menschenkinder!
Flieht! Flieht!

Zweite Stimmen

Ja, wir kommen geschwinder;
dort! Der Wald,
mit Zedern, seht!
Gönnt ein kurzer Aufenthalt
und dort Ruh und Rast und Halt!

Erste Stimme

Vom Winde verweht,
so laßt uns hinunter schweben;
da sollen sie leben.

(Sie schweben hernieder.)

Chorus (zusammen)
Nun sind sie weit
aus ihrem Land!
Es ruht die Zeit,
der Zeiger stand!
Jetzt sinken wir wieder
zur Erde hernieder;
so laß sie uns leben,
nah diesen Wegen,
auf daß sie hier sterben
durch Chumbabas Hand;
denn diesem hielt noch keiner stand!
(Geiser fliegen fort.)

Gilgamesch (erwachend) Was war bald weit?
Was war bald nah?
Im Geisterstreit,
den ich dort sah!
Und sie sangen hier vom Tod;
wer soll sterben durch Göttergebot?

Enkidu (erwachend) Wir werden sterben,
durch Chumbabas Schergen!

Gilgamesch Was! Durch Chumbaba, das Ungeheuer

Enkidu Da kommt uns der Tod des Stieres sehr teuer!

(Blitz, Donner.)

Hör die Götte erzürnen,
du hast erschlagen das edle Tier,
dann fiel er er um, der Götterstier!

Gilgamesch So laß die da oben toben,
wir sind ja bald im Staub zerstoben;
drum nütze deine kurze Zeit
und bringe es auf der Erde weit!

Enkidu Das werden wir niemals vollbringen,
die Zeiten, die sind schon dahin!

Gilgamesch So müssen wir die Zeiten zwingen,
zwingen wir sie, ist´s ein Gewinn!

Im Morgengrauen

Chumbaba (geht vorüber)
Ja, was sind denn das für Leute,
die dort ruhn, in meinem Wald!
Auf daß sie dann auch hier und heute
sterben werden drauf so bald!
Wer wagte je in den Wald zu gehen,
der mit Zedern reich geschmückt,

wo auch viele Blumen stehn;
Chumbaba, doch sei beglückt!
Zwei Männer sind's, die ruhen;
bald schlafen sie ewig in Truhen!

(Lachend ab.)

Gilgamesch (erwacht) Wer war denn das,der vorüberging,
mir war's, als wär's ein Mensch gewesen;
allein, ich weiß nicht was für'n Wesen!

Enkidu Es war, ich glaub, ein bösartiges Ding!

Gilgamesch Nun, wie es auch sei!
Dort kommt der Mensch schon wieder her,
tausendfache Teufelei,
ich frage ihn. Wo kommt er her?

(Chumbaba kehrt zurück.)

Chumbaba Zwei Menschen, die geschlafen
auf diesem würzigen Waldesboden;
endlich wir uns hier mal trafen;
denn mich hat es oft nach hier gezogen!

Gilgamesch Ja, sag. Wohin geht dein Weg?
Geht er von hier nach da?

Chumbaba Was fragt ihr nach, euch bin ich nah!

Enkidu Ich seh, in dir ist´s Böse reg;
dein Angesicht zu dunkel schimmert,
daß unsere Lage noch verschlimmert.
Du bist der Böse hier im Wald,
und willst uns machen kalt!

Gilgamesch Laß das Streiten; wohin sollen wir uns wenden?
Nur dieser Mensch kann unsere Irrfahrt beenden!

74

Wir wissen nicht, wo die Geister hingeflogen,
allein, uns haben sie mitgezogen!

Chumbaba Ihr findet hier niemals heraus
aus diesem finstern Wald;
so bringe ich euch hinaus,
gar so bald!

(Chumbaba ab.)

Enkidu Was, er geht schon wieder!
Wohin geht er?
Welchem Ziele strebt er nach;
und bringt er den Tod tausendfach!

Gilgamesch Wir müssen hier raus,
denk nicht an solch böse Sachen;
und hat ein Gott beschützt;
über uns wird er wachen!

Enkidu Was hat er uns genützt?

Gilgamesch Das Gute ist stets rar auf der Welt,
dort wo wohl Haß und Neid regiert;
nur das Böse der Welt gefällt,
und das Gute sich verliert;
drum gürte dein Schwert,
und vertrau auf deine Stärke;
dir bist du selbst am meisten wert,
Enkidu, das merke dir!

(Die Sonne geht auf.)

Die Nacht versinkt,
der Tag geht auf,
die Sonne blinkt
im Tageslauf.
Blumen werden benetzt
durch den Strahl;
ein Vöglein schwätzt
im Waldessaal!

So wie die Sonne wiederkehret,
jeden Tag am gleichen Ort,
so zieht´s mich nach Uruk hinfort!

Enkidu Ich warne dich, Gilgamesch, über diesen Mann;
er wird unser Tod sein.
Er warf auf dich einen Blick wie nur ein Böser kann;
und ich fühl, sein Herz ist wie Stein!

Gilgamesch Wir müssen einen Weg finden,
diesen Wald zu verlassen,
so brauchen wir uns nicht binden,
und brauchen ihn nicht zu hassen!

Enkidu Und ich werde wachen,
trotz der Gefahr,
laß mich nur machen,
und kommt ´ne ganze Geisterschar!

Gilgamesch Du siehst nur das Böse, das Schlechte!

Enkidu Und dieser Mensch kennt nicht die Menschenrechte!

Gilgamesch Durch Streitereien kommen wir nicht weiter!

Enkidu Es wird, mein Gott, noch heiter!
Seh! Da kommt er schon wieder!

(Chumbaba kommt zurück.)

Chumbaba He da! Ihr zwei!
Ich führe euch fort!
(leise) Es ist wie es sei,
und für aus den Mord!

(Gilgamesch, Enkidu und Chumbaba

IM HIMMEL DER GÖTTER

(Der oberste Gott tritt auf.)

Der oberste Gott Ich habe es gewußt, daß es nicht gutgehen kann. Der Stier auf der Erde. O verzweifelt ringe ich mich über mich selbst hinaus; der Tod des Stieres ist mir doch sehr nahe gegangen. Alles Fühlen und Denken ist in mir abgestorben zu einem Nichts. Ich seh, auch Götter sind machtlos gegen das Schicksal ausgeliefert; und niemand trauert mit meinem Schmerz, der so übermächtig in meinem Herzen tobt. O, könnte ich das Vergangene wieder lebendig machen; doch allein, auch über uns richtet ein Richter.

Wenn ich diesen Menschen treffen könnte, dann wär's mir eine Freude, und sie wär' ungebändigt und unendlich; doch scheint mir, irgend jemand muß ihm geholfen haben, doch wer?

Ein Mensch war's nicht! Könnt ich´s ahnen.

(Ischtar tritt auf.)

Sieh da, Ischtar, was bringst du?

Ischtar Weißt du, wo der König von Uruk ist?

Der oberste Gott Wenn ich das wüßte, mir wär' wohler!

Ischtar So weißt du es auch nicht! Aber ich muß ihn finden;denn ich liebe ihn, den König von Uruk.

Der oberste Gott Was muß ich hören! Du liebst ihn!

Ischtar Ja, ich liebe ihn; ich sah ihn vor den Toren Uruks,im Kampfe mit dem Stier!

Der oberste Gott Da hast du es zugelassen, daß der Stier getötet wurde.

Ischtar Ich habe es nicht verhindert, obwohl ich es hätte tun können! Ganz im Gegenteil, ich habe ihm die nötige Kraft noch verliehen. Doch dann kamen Geister und entführten den lieben, schönen Menschensohn!

Der oberste Gott So! Sie entführten ihn. Geschieht dir recht, Ischtar. Und ich soll ihn dir suchen helfen; such ihn dir selbst! Nein! Nein!, niemals kann ich dir helfen!

Ischtar So helfe ich mir selber; ich werde ihn finden!

Der oberste Gott Da sieh mal zu, und viel Spaß!

(Der oberste Gott.)

Ischtar Der will mir nicht helfen; na gut, trotzdem werde ich ihn finden, ob er will oder nicht. Na, das wäre doch gelacht, wofür haben wir unseren Verstand. Ich nehme an, zum Denken! Und wenn ich so recht nachdenke, so weiß ich, daß er recht haben kann; aber so schnell gibt eine Göttin nicht auf!
Warum wird mir so plötzlich müd´?

(Ischtar schläft ein.)

DER ISCHTAR ERSTER TRAUM

Eine ferne Stimme Ischtar, hörst du mich?
Ischtar, hörst du mich?

Ischtar Ja, ich höre dich!
Was willst du von mir?

Die Stimme Du fragst nach jemandem;
nach wem hast gefragt?

Ischtar Nach einem Menschen den ich liebe!

Die Stimme Sag an, wen liebst du?

Ischtar Warum willst du das wissen?

Die Stimme Ich frage danach, ob ich mich nicht irre!

Ischtar Es ist der König von Uruk, Gilgamesch!

Die Stimme So, der König von Uruk.
Ist es nicht der, der den Stier tötete?

Ischtar Ja, der ist´s!

Die Stimme Und du willst wissen, wo er ist?

Ischtar Ja, bitte, sage es!

Die Stimme (verhallend) Später, später!

(Ischtar erwacht.)

Ischtar Wer war das? Wer sprach zu mir im Traume; sind wir es doch,
die sonst ales wissen. Ich träumte doch nur; doch mir ist so als wär' es
gart kein Traum gewesen. Was aber dann?Da sah manes, wir wissen
nichts, rein gar nichts. Wo ist der Geliebte? Das frage ich mich. Die
Stimme, so glaube ich, kennt den Ort, wo er weilt; aber warum sagte er
es mir dann nicht?

(Der oberste Gott kehrt zurück.)

Der oberste Gott Sag, Ischtar, liebst du ihn wirklich und wahrhaftig?

Ischtar Ja! - Laß mich in Ruhe!

Der oberste Gott Du liebst einen Menschen; weißt du, was das heißt?

Ischtar Das ist mir doch egal!

Der oberste Gott Das soll dir aber nicht egal sein! Wisse: Wenn zwei
sich lieben, die ungleich an Stand sind, Ischtar, muß das Höhere sich
erniedrigen, oder das Niedrige sich erhöhen, und hast du schon einen
Menschen gesehen, der sich auf die Größe der Götter gestellt hat? Ich
nicht! Ischtar, ich warne dich vor dieser Liebe!

Ischtar Was weißt du, was in meinem Herzen vorgeht; es ist die Liebe,
die wahre, die unendliche, und nichts kann mich halten, ihn nicht zu
lieben! Auch kein Gott!

Der oberste Gott Gut! Aber du weißt nicht, wo er ist?

Ischtar Ich werde es bald wissen!

Der oberste Gott So, bald wissen, von woher?

Ischtar Und dann geh ich un suche ihn!

Der oberste Gott Du willst ihn finden?

Ischtar Ich werde ihn finden!

Der oberste Gott Und wenn du ihn gefunden hast, ist es dir klar, ob er dich überhaupt liebt?

Ischtar Er wird mich lieben, lieben, lieben!

(Ischtar ab.)

Der oberste Gott Das ist die Spur, der ich folgen muß!
Liebe treibet die Ischtar fort,
auch mich zieht es an jenen Ort!

(Der oberste Gott ab.)

DER ISCHTAR ZWEITER TRAUM

Eine ferne Stimme Ischtar, hörst du mich?
Ischtar, hörst du mich?

Ischtar Ja, Stimme, ich höre dich!
Bitte, sag, wo hält er sich auf!

Die Stimme (näherkommend) Kennst du den dunklen Zedernwald?

Ischtar Ja, den kenne ich. Warum fragst du danach?
Sag, wo ist mein Geliebter?

Die Stimme (singt)

Im Zedenrwald,
der gar so alt,
da lebt ein Ungeheuer,
ein gar graus´ger Mensch,
der schlimmer ist, als wie das Fuer;
er frißt auch kleine Kinderlein,
und brät sie überm Feuer fein!
Auch frisst er große Wesen,
und vor niemandem macht er halt,
allein, er macht sie alle kalt!

Ischtar Ist er dort? Mein Geliebter!
Grausam soll das Wesen sein?
Sag, ist er dort!

Die Stimme Zuviel sang ich schon in dein Ohr!
Frage mich nicht mehr danach!
Sehe zu, daß du ihn rettest;
denn allein ist er bald tot!

Ischtar Ja retten, retten, retten will ich ihn!
Oh, wie kann ich dir danken?
Die Liebe blüht, sie blühet auf,
ich darf nicht schwanken,
ich muß zum Wald hinauf!

Die Stimme (leise, verhallend) Dann tu´s, dann tu´s!

Ischtar Ja, ja, ich tue es, ich tue es!

(Ischtar erwacht.)

Ischtar Es war doch kein Traum, es ist wahr,
und war's ein Traum, war's wunderbar!

EINE LICHTUNG IM ZEDERNWALD

(Ischtar tritt auf.)

Ischtar

Nun bin ich da; doch wo ist er?
Mein Herz fühlt sich so schwer.
Glaubt mir, wenn ich ihn fände,
ich würde ihn aus der Gefahr befrein,
und würd'', wie ich's gern möchte,
für ewig Seine sein!
Wie's mir geraten wurde,
so such ich ihn nun auf;
befrei' ihn aus der Hand
des groben Ungeheuers;
reiß ihn hinweg vom Todesrand!
Dort, seht ein Feuer?
Wer mag da sein, als er,
der Geliebte,
der betrübte;
ich geh zu ihm; mein Herz ist leer,
so lang er fühlt nicht meine Brust
und meine große Liebeslust

(Ischtar ab.)

EINE ANDERE LICHTUNG IM ZEDERNWALD

(Gilgamesch, Enkidu und Chumbaba treten auf.)

Chumbaba Nun sind wir bald
aus diesem Wald!

Enkidu Mir scheint, es ist nicht wahr;
ich glaube, du führst uns tiefer.

Gilgamesch Du findst in jeder Supp' ein Haar,
du siehst nur die Dinge schiefer!

Enkidu Was ich seh, seh ich recht,
dieser da, allein ist schlecht!

Gilgamesch Gesagt wird viel, was oft nicht wahr,
und oft erscheint die Lüge wahrhaft wahr!

Chumbaba Ich fühl, was euch gar beid bewegt,
ich fühl was in der Brust sich regt,
und tät' euch nur aus Liebe helfen;
ich will daß ihr aus dem Walde findet,
und keineswegs will ich den Tod,
hier sieht nur einer doch nur Rot!

Enkidu Was in meinem Herzen vorgeht,
wer ahnt es schon?
Kein Göttersohn!
Nein, niemand ahnt´s,
und dir´s nur schwant,
so weiß ich´s nur alleine!

Gilgamesch Nun ist´s genug,
er will uns nicht töten!

Enkidu Ja, es ist ein Betrug,
er will uns töten!

(Gilgamesch, Enkidu und Chumbaba ab.)

EIN DUNKLER TEIL DES WALDES

(Der große Gott tritt auf.)

Der große Gott Wenn ich schon kein Gott wär', so wär' ich ein
Mensch; habe ich doch die Tage einer Liebe gezählt, die, obgleich
schon verloren, doch schön waren. Ich denke, es sind süße Tage, die
Ischtar, die hoffnungsvolle, am Busen der freien Natur verbracht hat,
im Schimmer der roten Rosen! Doch allein, wer träumt, der hat immer
geträumt jenen Traum, der das hohe Ideal der Menschheit, die Freiheit
zum Frieden verträumt hat.

(Chumbaba tritt auf.)

He du!

Chumbaba Was? Wer bist du denn?

Der große Gott Sage mir, du Sohn des Waldes,
bist du Chumbaba, der Herr?

Chumbaba Ja, der bin ich!

Der große Gott Na gut, so sei es denn!
Auf in dem Kampf!
Bist du schon einem Gotte begegnet?
Oder hast du schon einen gesehen?

Chumbaba Nie sah ich einen Gott!

Der große Gott Ich bin der oberste aller Götter!
Ich kam auf die Erde, um den König von Uruk zu suchen!
Ich weiß, er ist bei dir!
Liefere ihn mir aus°

Chumbaba Haha, du willst ein Gott sein?
Und du hast keine Macht über die Menschen?
Ich finde es gut!

Der große Gott Ruhe! Meine Macht sollst du erfahren,
du Ungeheuer von einem Menschen.

Chumbaba Ich töt´ dich, du Gott zum Schein,
du Scheingott, Gott ohne Macht!

Der große Gott Soglaich sollst du meine Macht erfahren.
Zwei Schritte vor und ein zurück,
kommt meine Geiser, zeigt ein Stück!

(Geister zeigen sich.)
Ich sage es euch: schafft eine Blume herbei,

doch wären es mir am liebsten gleich zwei;
eine wir feuerrot gemacht,
die andere taucht tief in die Nacht!

Geiser (singen.)

Seh! Die rote,
sie wächst
aus dem Boden!
Seh! Die schwarze,
sie springt
aus dem Boden!

(Eine rote und schwarze Blume wachsen aus dem Boden.)

Ein Feuerzauber vernichtet,
was wir hier angerichtet,
und verbrennt.

(Die Blumen verrennen. Geister lösen sich im Dunst auf.)

Der große Gott Sehe, meine Macht! Nur ein Wort
hat geschaffen das Werk aus dem Nichts!

Chumbaba Ich sehe doch, du bist kein Gott,
ein bißchen Zauberei war nur dabei;
doch was ich nicht verstehen kann,
warum du keine Macht über den König von Uruk besitzt.

Der große Gott Es liegt an der Natur der Götter;
denn sie dürfen auch nicht alles tun!
Ja, schwer ist es ein Gott zu sein;
aber wie schwer wird es sein
über Gott selbst als Schöpfer zu stehn?

Chumbaba Gut, daß ich kein Gott bin.

Der große Gott Leider auch kein normaler Mensch!

Chumbaba Und was willst du machen?

Der große Gott Er muß sterben!

Chumbaba Das kann auch ich vollbringen!

Der große Gott Du Narr! Du Tor!
Was weißt du von ihm? Er ist stärker;
er besitzt die Macht der Götter, und leider
auch die Liebe meiner Tochter Ischtar!
Es ist das Schlimmste!

Chumbaba Laß das mal meine Sorge sein;
ich bringe dir Gilgamesch,
und darauf hast du mein Wort!
Was ist mit seinem Freunde?

Der große Gott Den kannst du behalten!

Chumbaba Gut!

(Chumbaba geht ab.)

Der große Gott Weg ist er, das Werkzeug meines Hasses.
Nun, Ischtar, die Stunde schlägt,
der Tag ist nah, die Rache nicht fern!
Ich habe das Recht, wie immer das Recht
der Stärkere hat!

(Der große Gott ab. Gilgamesch tritt auf.)

Gilgamesch Seht nur die Sterne, unerreichbar und doch so nah.
Dahin möchte ich mal fliegen;
allein, ein Wunschtraum scheint´s mir nur!
Doch wie? Sein sie erreichbar?

(Stampft auf den Boden.)

Nein! Niemals wird es in dieser Zeit sein!

(Ischtar tritt auf.)

Wer geht da? Wer bist du?

Ischtar Ein Teil deines Ichs!

Gilgamesch Ich bin schon ganz, brauch keinen Teil.

Ischtar Du bist nicht ganz, ich fehle dir!

Gilgamesch Du mir? Du fehlst mir?

Ischtar Ja, ich fehle dir!

Gilgamesch Wen du mir fehlst, wer bist du dann?

Ischtar Ich bin dein anderes ICH!
Ich bin deine Liebe. Ich bin die Ischtar!

Gilgamesch Du! Die Ischtar!

Ischtar Bleibe doch ernst, die Lage ist ernst!
Seh! Du vertraust einem Menschen,
und dieser hat böse Absichten!
Er ist ein Ungeheuer, und du bist ein Tor!
Laß dich doch totschlagen, laß dich doch totschlagen!

Gilgamesch Du meinst Chumbaba?

Ischtar Ja ihn meine ich!
Schlage ihn doch vorher tot!

Gilgamesch Er will mich ja gar nicht töten,
da irrst du dich!

Ischtar Glaubt man einem Menschen schon nicht,
wie will man da einem Gotte glauben.

Gilgamesch Ja, der Glaube ist nicht die Erkenntnis,
wie die Erkenntnis auch den Glauben nicht mehr braucht!
Ob Gott? Ob Mensch? Ob nicht? Alles egal!

Ischtar Doch ich warne dic zum letzten Male;
höre, deine Tage sind gezählt!

Gilgamesch Ja, gezählt werden sie schon von Geburt an;
und die Zeit rinnt dahin, dahin,
bis die Ewigkeit hat aufgehört zu bestehen!

Ischtar Du willst mich nicht verstehen!
So fahre dahin, du armer Narr, in deinen Tod!

(Ischtar ab.)

Gilgamesch Das Ende der Zeiten erlebt kein Mensch!
Ich möchte gern wissen, wie dies Ende aussieht,
daß sie mir vorhersagte!

(Gilgamesch ab. Chumbaba und Enkidu treten auf.)

Chumbaba Wo ist Gilgamesch?

Enkidu Wo ist wer?

Chumbaba Wo ist Gilgamesch?

Enkidu Was willst du von ihm?

Chumbaba Ich verrate es dir nicht!

Enkidu Ich sehe, du willst uns töten! Suche ihn selbst!
Wenn du ihn haben willst, da such ihn gleich hier!

(Enkidu ab.)

Chumbaba (allein.) Ja, ihr sollt sterben! Hinab mit euch zur Unterwelt;
Sie müssen noch heute sterben; er und Gilgamesch.
Doch, Ischtar, sie darf nicht bei ihm weilen,
sie muß fort aus diesem dunklen Zedernwald;
denn dann wird es mir gelingen.

Der richtige Augenblick!
Ein Schwertstreich – sie sind tot!
Keine Trauer wird mich umfassen!
Nein! Ein Hochgefühl der Freude ist´s,
was mich dann umgibt!
Nimmer und nimmermehr soll Gilgamesch leben;
der König aus Uruk muß sterben; es ist mein Wille!
Freude, Freude, die mich durchbricht;
wehklagend seh ich die Bevölkerung von Uruk
durch ihre Strassen ziehen, voll Trauer und Leid,
Klagelieder, die sie singen, die sie beten,
das sind in meinem Ohren Freudenleider!

(Dämonen bringen Ischtar herbei.)

Dämonen Es ist gelungen,
die Ischtar ist bezwungen;
dein Plan schreitet zur Tat,
da Gilgamesch schon naht!

Chumbaba So kann ich ihn nun töten,
wie ein Wurm wird er zertreten.
Angst muß er haben zu sterben,
im Staube soll er verderben!

Ischtar Er wird nicht sterben von deiner Hand;
nicht hier, nicht zu dieser Stunde;
ich kenne einen in dieser Runde,
der stirbt in diesem Land!
Seine Uhr ist abgelaufen;
die Sense steht bereit;
du bist's, du stirbst in dieser Zeit,
und kannst du kämpfen und raufen!

(Der große Gott kommt herzu.)

Der große Gott Meine Tochter, was sind das für Gedanken,
denk nicht an solch schlechte Sachen!

Ischtar Ich werde in meiner Treue nicht wanken!
Da kannst du auch nichts machen!
Sterben wird er, wie ein jeder Mann,
doch anders als ihr's dachte;
denn er fühlt, was keiner je ersann,
und die Götter er sogar verachtet!

Der oberste Gott Die Frage, die kenne ich schon!
Sie klingen hart, im höchsten Ton;
und diese Fragen zerbrechen
den frechen
Menschensohn!
Geister! Bindet die Ischtar!
Sie soll den Ort nicht verlassen.

(Geister binden die Ischtar.)

Ischtar Warum kannst du das zulassen?
Bin ich denn keine Göttin mehr?
Warum, sag, warum?

Der oberste Gott Die Liebe ist´s, sie läßt uns keine Wahl,
denn du liebst ihn ja mehr von mal zu mal!
Wir müssen dich im Auge behalten,
nur so kann deine Liebe erkalten!
Mir ist dazu jedes Mittel recht!

Ischtar Deine Gedanken sind schlecht!
Dein Weg ist nicht mein Weg,
mein Ziel ist nicht dein Ziel;
ja, unsere Wege sind nicht die gleichen,
und ungleiche Gedanken werden sich nie erreichen!
Drum laß mich frei!

Chumbaba Alles zu seiner Zeit!
So auch die Freiheit!

Ischtar Auch das wird dir nichts mehr nützen!

Der oberste Gott Gilgamesch wird sterben, und dabei bleibt´s!
Schlage zu! Haue tapfer drein!
Töte ihn, dann kann ich von dannen ziehn,
ziehn zu meinen Götterkindern!

(Der oberste Gott ab.)

Chumbaba Wir sind allein! Warten auf ´ne große Stunde!

Ischtar Worauf?

Chumbaba Auf die große Stunde;
sie wird bald schlagen!
Gilgameschs Leben ist ohne Sinn,
zu den Toten fährt er dahin -
drum, dies Leben ist ohne Sinn!

(Gilgamesch tritt auf.)

Ischtar Seh! Sie ist schon da!
Gilgamesch ist sehr nah!

Gilgamesch Ja, töten willst du mich?
Doch töten tue ich dich!

Ischtar (zu Chumbaba) Sehe ein, du bist verloren!

Chumbaba Was seid ihr für Narren, dumme Toren!

(Schlagen sich.)

Gilgamesch Du hast keine Gnade gekannt,
noch sie je gefühlet;
ja, Menschen sinnlos dahin geschlachtet;
du hast einfach alles verachtet!
Auch mich willst du töten!

(Durchsticht Chumbaba.)

Dein Tod soll's jetzt sein!

Chumbaba Sterben will ich nicht! Nicht sterben!
Laß mich am Leben!
Hier bekommst du Gold, viel Edelstein,
doch das Leben, das laß mir mein!!

Gilgamesch Was soll ich mit dem Tand!
Du doch auf meinen Tod bestandst!
Hinab jetzt mit dir zur Unterwelt,
wo Dunkelheit finster herrscht,
und dein Geist kein Licht erhellt!

Chumbaba Ich will nicht! Ich bin vernichtet!
O größter Gott, ich bin gerichtet!
Nur nicht von ....

(Chumbaba stirbt.)

Gilgamesch Ha! Jetzt ist es tot, das Tier;
muß sofort aus diesem Wald!

Ischtar Und du willst mich stehen lassen hier,
da meine Liebe zu dir schallt!
Nehme mich mit!

Gilgamesch Enkidu, wo ist er?

Ischtar Ach, er wird bald kommen!

Gilgamesch Wo ist Enkidu?

Ischtar Wo hast du nur den Mut hergenommen?

Gilgamesch Wir reden aneinander vorbei!

Ischtar Zur Liebe gehören doch nur zwei!

Gilgamesch Die Liebe hin, die Liebe her,
mein Freund fehlt mir so sehr!

Ischtar Komm mit! Er wird bald kommen,
zur Liebe wirst du mitgenommen!

Gilgamesch Vorbei! Vorbei!

**(Gilgamesch löst Ischtar die Fesseln. Und gehen ab.
Enkidu tritt auf.)**

Enkidu Gilgamesch!
Halt! Wer liegt da? Chumbaba ist´s!
Er ist tot; von Gilgamesch erschlagen!
Wie ich es ihm gebot, kein anderer konnt´s wagen!

(Der oberste Gott tritt auf.)

Der oberste Gott Wer ist tot?
Chumbaba hat's getroffen!
Ich will nichts schlimmeres hoffen;
denn tot liegt er zu meinen Füßen!
O! Gilgamesch, dass sollst du mir büssen!
Er ist kein Werkzeug mehr auf Erden;
ins Reich der Toten er ist gegangen,
vom Sensenmanne selbst eingefangen!
Was soll nun aus Ischtar werden?
Denn er ist tot, auf den ich gebaut,
das Leben wurde ihm geraubt!

(Sieht Enkidu stehen.)

Wer bist du?

Enkidu Wen hast du damit gemeint?

Der oberste Gott Gilgamesch! Wo ist er nur?

Enkidu Frage deine Tochter, die Ischtar, deine Hur`!
Ich habe sie gerade noch gesehen;
warum, das kann ich nicht verstehen!
Und wenn ich es wissen tät'

nie würdest du's erfahren!
Ich verrat keinen Freund,
auch wenn du ein Gott bis!
Ein Freund kann keinen Freund verraten,
selbst wenn die Götter darum baten.
Komm her und fechte nur,
ich stelle mich stur!

Der oberste Gott Du willst einen Gott erschlagen!
Hat man je das schon gesehn?
Dir schlägt wohl was auf deinen Magen;
allein, du sollst jetzt mit mir gehen!

Enkidu Ich gehe niemals mit!
Hier hast du ein Schlag, dann sind wir quitt. **(Schlägt.)**

Der oberste Gott Na gut, da muß ein Zauber her,
damit du schlägst keine Götter mehr!

Enkidu Und da! Und noch einen drauf,
verdammt, er bricht mir ab ...

Der oberste Gott Der Zauber wirkt, du gehst jetzt mit!

Enkidu Wir sind noch längst nicht quitt!

Der oberste Gott Da Gilgamesch verschwand,
da bleibst du mir als Pfand!

Enkidu Einen Gott, der keinen Ausweg weiß,
nur der konnt es ersinnen!
Übel, wie wird mir heiß;
ich komm nicht mehr von hinnen!

Der oberste Gott Du kleiner Erdennarr,
du wolltest dich mit den Göttern messen,
und hast doch das Wichtigste vergessen;
denn wer mit Göttern kämpfen will!

Enkidu Schweige still!
Du kamst mir zwar zuvor,
doch es kommt auch einst der Tag,
wo ich mich dir entwinden mag;
so schaffst du mich mit Gewalt
von dieser Stelle fort,
an euren Himmelsort!

Der oberste Gott Komm, meine Seele kocht und wallt,
drum zeige ich dir, dir Menschenmann,
was keiner jemals sehen kann!

(Der oberste Gott mit Enkidu ab.)

FLUG IM WELTALL

(Der oberste Gott und Enkidu fliegen vorüber.)

Der oberste Gott Wir fliegen am der Zeit vorbei;
ein neuer Morgen dämmert auf,
die ganze Menschheit ist bald frei!

Enkidu Zum Frieden klingt der Seufzer-Schrei!

Der oberste Gott Horchest du dem Sturm Horen
Wir fliegen in eine andere Zeit;
bleibe oder du bist verloren,
dir tät' es in der Seele leid!

Enkidu Die samte Schwärze im dunklen All
trübet meinen kleinen Blick;
dort der runde, kleine Ball
fühlt stark mein Erdenglück!

Der oberste Gott Ja, die Jahre sind verflogen,
Jahrtausende sind wir weiter!

Enkidu Du hast die Zeit betrogen
auf deiner Lichtjahresleiter!

Der oberste Gott Das Sonnenauge lächelt uns an,
so laß uns auf dem Monde schweben,
da landete soeben
der erste Menschenmann!

AUF DEM MOND

20./21. Jahrhundert

**(Die ersten Menschen landen auf dem Mond.
Der oberste Gott und Enkidu schweben darüber.)**

Die Kometen Fliegen wir ins Weltall raus
meterorengleich im Schein der Sonne,
zurückkehren wir ins alte Haus
mit ganz lusterfüllter Wonne!

Die Planeten Wir sind Begleiter der Sterne,
Kinder dieses Reiches,
und den Galaxien in der Ferne
sind wir ihresgleiches!

Die Sonne Ich bin die Mutter allen Lebens,
ich bin die Kraft,
die wohl erschafft,
was menschlich ist vergebens!

Der oberste Gott Doch die Kinder von diesem All
leben auf dem bleuen Ball!

Sirenen (Gesang) Wir rufen in die Unendlichkeit,
wir locken die Menschen von der Erde;
wir singen in der Ewigkeit
mit liebender Gebärde.
Wir säuseln im Planetenreigen,
die Götter selber werden schweigen;
denn was bald geschafft,
senkt sich wieder in die Nacht!
Wo Schwestern und Brüder

sehn wir uns wieder?
So launenstark und wechselhaft
das Neue sich zum Alten schafft;
denn hört ihr, Kinder? Da nahen sie schon
auf der Göttin Selenes Thron!
Sie sinken, sie schweben,
sie kommen, sie leben!
Der Erste – nun steigt er aus,
zum ersten Mal betritt er fremdes Haus.

Enkidu Was seh ich da?
Ein Mensch ist nah?

Der oberste Gott Du siehst recht! Es kommt der Tag,
wo der Mensch das all´ vermag.

Enkidu Wer schleicht denn da daher?

Der oberste Gott Hörst du zu, findst du gehör!

Das Allein-All-Einumfassende Frage ich? Bin ich, bin ich´s nicht;
denn wer kennt den Geist, wer kennt das Licht?
Selbst das Allein-All-Einumfassende weiß es nicht!

(Hexen kommen geflogen.)

Hexen Die neuen Hexen fliegen,
es ist eine andere Zeit,
wo all die Teufel schweigen
zur Zauberhaftigkeit!
Wir landeten mit den Flügen
der Himmelsastronauten;
doch uns kann es nicht genügen,
das Zaubern mit den Zauberlauten!
Früher ritten wir aufm Besen,
doch was einst war mal gewesen;
heute sind wir ganz modern,
fliegen mit Saturn, ihr Herrn!
Es riecht und stinkt voll
Schwefel und Pech;

wir sind wie toll,
wir sind ganz weg;
drum tanzten wir auf dem Brocken,
doch heute kann man uns dahin nicht mehr locken;
denn wo wir einst gehaust,
nun hat es sich da ausgelaust!
Wir rührten den Brei
und waren doch nie frei;
denn wir warten auf unsern Herrn;
und der Satan hat uns gern!

Eine Hexe Was wollt ihr? Ihr zwei?
Was trieb euch herbei,
dieser Nacht beizuwohnen;
ha! der Teufel Solls euch lohnen!
Seht her!
Da kommt er,
der Herr der bösen Geister
und Hexenmeister!

Satan Wer seid ihr? Ihr Toren,
sagt, was habt ihr hier verloren?
Kennt denn keiner das Gesetz...

Der oberste Gott Schweige! Sei still mit deinem Geschwätz;
wir kommen und gehen,
wer wird es verstehen?
Ja, ein Teufel, der darf es machen;
ein Gott allein wird drüber lachen,
wenn er sieht,
was er gesät?
Wenn es blüht
und wieder vergeht!

Satan Denkt wohl gar, ihr habt gewonnen,
doch das Nichts ist in ein Nichts zerronnen;
drum, was von Wert scheint, ist nichts wert,
und die Rechnung gleicht auch umgekehrt!

Der oberste Gott Du! Mit deinen klugen Sprüchen,
willst die ganze Welt belecken;
geht die Welt doch ganz in die Brüche,
brauchst nur das Atom zu wecken!

Saturn Was braucht's der Wissenschaft?
Der wechselnde Geist der Menschheit tut`s auch,
so war's schon immer, so ist Menschenbrauch!
Und aus dieser Vernichtung tritt hervor,
was die Menschheit zu früh verlor!
So erneuert sich die Zeit,
wie auch die Menschheit;
denn aufs Glaubenszeitalter der Fische
folgt darauf in der berauschenden Frische
das Zeitalter des Wissens, der Wassermann;
die Ära des Friedens?
Hahaha! Denn noch nie hat es der Mensch geschafft,
mich, den Teufel, in Ketten zu legen,
drum treib ich´s ja auch so verwegen;
doch bald, soll ich gebunden sein?
Das darf und kann nicht sein!
Doch sollte ich werde doch gebunden,
um zu beginnen die schönen Stunden,
zertrümmere ich vorher noch die ganze Welt,
die gar nichts mehr, aber auch nichts vom Teufel hält!

Der oberste Gott Ja, dir steht der Teufel recht!

Satan Allein, was soll's, die Welt ist nun mal schlecht!

Der oberste Gott Halt! Wer naht da im Sternenrot?

Satan Es ist nur mein Bruder, es ist der Tod!

Der Tod (tritt auf) Wer rief mich zur Mitternachtsstunde,
wer rief den Tod herbei?
Wer gab mir davon Kunde?
Ich seh's, der Teufel ist dabei!
Freund, ich decke alle Menschen mit dem Leichentuche zu
dann hat auch der letzte all der Menschen Ruh!

Der oberste Gott Nein! Nur die Geisteswende;
denn in denn hellen Hallen,
da sehen sich die guten Geister wieder,
dort strahl das Genie hernieder!

Das Kind der Wiedergeburt (kommt aus den Tiefen des Alls)
Ich schreie neu,
auf Erden bin ich gewandelt,
noch bin ich scheu
dem Neuen angebandelt.
Das Leben ist ewig,
der Tod gab uns frei,
der Zeiger bleibt stehn
wie einst im Lebensmai,
dann ließ er uns gehen!
Die Klage, sie ist gefallen,
das ewige Leben gefällt uns allen;
bin weder Mensch, bin weder ein Gott;
allein, es leidet keiner Not;
wie gefielen dem Schöpferherrn;
ihn nennen wir Gott
doch ist er mehr als nur ein Gott;
ihn lieben wir sehr
und sein Liebesgebot!
(Sphärenmusik.)

Zu lange hat hier die Musik geschweigt,
die Nacht hat sich in den Tag geneigt
und dann mit jauchzenden Jubelchören
konnten wir den Gesang in den Sphären hören;
Nachtwandler waren wir auf Erden,
Tagewandler werden wir wer den! (nach Nietzsche.)

Armstrong (tritt aus der Fähre)
Es war ein kleiner Schritt für einen Menschen,
aber ein großer Schritt für die Menschheit!

Der oberste Gott Jetzt kommen sie und nehmen Besitz von
Sphärenmusik, die eigentlich nur uns Göttern gehören;

100

sie lassen das Gute in den Staub zertreten,
verlernen gar da Beten;
schaun aus dem Erdenfenster,
glauben oft noch an Gespenster!
Da kann man fragen:
Haben sie die richtige Reife,
und könn'' sie dieses tragen,
da sich sich doch einmal erschlagen;
da sagt einer: Packe zu und greife
die Gelegenheit beim Schopfe;
verdreht sind ihre Kopfe;
wohl greifen sie zum Atom,
und machen daraus Energie,
sie selbst Wissen nicht wie
sie sie meistern können!
Ja, der Teufel hat schon recht,
sie taugen zu nichts, sie sind so schlecht!
Sie wollen gar den Göttern gleichen,
aber die Sterne
in der fernsten Ferne
werden sie niemals erreichen!
Und es ist wahr, so gewiß,
durch die Menschheit geht ein Riß,
waffenstarrend stehn sie sich gegenüber,
und tragen die Toten ins Jenseits hinüber,#
erst macht es knall, dann macht es bum,
schon fällt die halbe Menschheit um;
und aus dieser trüblichten Irrenwelt
säen sie eine neues Kultusfeld!
Sag, Enkidu, ist die Zeit besser?

Enkidu Komm! Ich habe genug gesehn;
ich ertrag es nicht mehr länger;
der Mensch hat gewählt, will das Große drehn,
und mir selbst wird bang und bänger!

Der oberste Gott Was willst du nur?

Enkidu Ich will hier weg!

Der oberste Gott So! So! Du bist ja ein narrenhafter Geck!
Es war das erste, was ich zeigte,
doch nicht das Letzte, das sich neigte;
komm, laß deine Gefühle stehn,
laß sie kalt, laß sie gehen;
ich zeige dir den Menschentraum!
Du siehst es wohl, doch glaubst du's kaum.
Sie drängen, sie zwängen, sie wagen, sie laufen,
das Glück zu erhaschen, das Weltall zu kaufen!
Was du dort siehst, es ist ein Nichts,
zu dem was noch kommt;
die Sterne zu meistern,
das Genie zu begeistern,
den Geist zu sprengen,
die Erde zu klein,
im Weltall zu hängen,
dort wollen sie sein!
Seh durch das Auge, ins finster Loch;
erkennst du die Menschen, erkennst du sie noch?
Seh da, den Funken,
seh da, den Streifen,
ganz feuertrunken
das Weltall zu greifen!
Willst du hindurch, ich lasse dich ´nein!

Enkidu Wenn ich es sehen kann, dann will ich es sehen!

Der oberste Gott Ganz recht! Ich kann dich Mensch verstehen;
denn hat man Glück, so hat man Schwein,
es preisen die Sirenen aus ihrem Mund,
was dort zu sehen, sie tun es kund!

(Enkidu verschwindet.)

Er ist weg, wer weiß wie's geschah,
bald ist er fern, bald wieder nah.
Und doch zu gern hätt' ich's vernommen,
was dort zu sehen; allein, er wird bald wiederkommen!

IN DER ZUKUNFT

Ein Kind Seh da, guck, der komische Mann?
Was will der da, wo kommt er her?

Mutter Wer weiß, was der ist, wer weiß, was der kann;
laß ihn in Ruh, ich bitt dich drum!

Enkidu (abseits) In was für eine Zeit bin ich nur geraten?
Die ist ja anders als, als andere Zeiten,
und doch was ich seh, es sind menschliche Taten!

Kind He du!

Mutter Laß doch diesen Mann in Ruh!

Enkidu Wo bin ich hier, und was ist das?

Kind Du bist auf der Erde, ist das nicht ein Spaß!

Enkidu Was ist daran ein Spaß?

Kind Ich's dir zu erzählen vergaß!

Mutter Wir sind die letzten auf der Erde;
die Menschheit, sie ist ausgeflogen,
ins Weltall sind sie rausgezogen,
auf daß sie sich erholen wird!

Kind Versteh, die Erde!

Enkidu Warum soll sie sich erholen?

Mutter Vor Jahren, ich war noch nicht da,
da war die Erde wüst, fast leer;
der Krieg, der atomare, war noch nah
mit Wunden bedeckt, schwer um schwer;
und so etwas hat man nie gesehen,
die Menschen mußten Menschen suchen gehen!

O wie schrecklich, o wie ungeheuer
wütete das atomare Feuer!

Enkidu Und ist das schon lange her? ´ne lange Zeit?

Mutter O Gott, nicht mal die Ewigkeit!

Enkidu Ich habe es gesehn
was ihr niemals ahnt,
es wird geschehen,
was euch bald schwant!
Die Zeit rinnt dahin; wie spät ist es schon?
Es ruft mich mit mächtiger Gewalt
die mächtiger Gestalt!

Kind Bist du entflohn?

Enkidu Nein! Kindchen, wer versteht das schon?
Nun packt's mich, der will mich wiederhaben,
er ruft mich zurück mit seinen Göttergaben!

AUF DEM MOND

Der oberste Gott Ich seh. Du bist zurückgekommen!
Erzähle, was hast du da vernommen?

Enkidu Na ja!

Der oberste Gott Ich fühl´ du fühlst dich noch verschwommen!

Enkidu Ich will fort, nun mach bald kehrt!

Der oberste Gott Warum! Gilgamesch muß ich doch haben!

Enkidu Den bekommst du nie in deine Klauen,
der hat zu Göttern kein Vertrauen!
Und das mit Recht!

Der oberste Gott So wahr ich ein Gott bin,
den hole mich mir noch
Ich fühle es im Herzen drin,
er geht mir niemals aus dem Sinn!
Drum zurück zur Erde,
und sehn, was daraus noch werde!

(Der oberste Gott und Enkidu entschwinden.)

DRITTER AUFZUG

EINE HÖHLE

**(Ischtar und Gilgamesch treten auf.
Eine Elfe singt.)**

Elfe (singt)
Es war in vielen Tagen
Ein Mädchen hold, wie klar
ich könnt's nicht anders sagen,
sie war so wunderbar.

Ischtar Die Liebe kommt und geht nimmermehr,
sie kommt auf geflügelten Rossen daher,
mit dem Sturmwinde braust sie einher!
Meine Liebe gebe ich dir, aus ganzer Seele,
nehme sie bitte an,
und gebe mir deine dafür!
Laß dich nieder auf der Rosenliebesstatt;
komm, komm, komm, gebe dein Herz für mein Herz;
ja, wie ich dir das meine gab!

Gilgamesch Du liebst mich? Und du liebst mich weiter?
Ja, ich glaube dir; doch muß ich dir sagen,
dein Herz habe ich nicht genommen.
Ich möchte manchmal glauben, daß ich dich liebe;
aber liebe ich dich? Welche Eitelkeit!

Ischtar Nun komm schon, Gilgamesch;
empfange meine Liebesgaben;
empfange sie mit lockiglanggefüllten Haaren!
Bitte!c Durchfahr mein Har mit deinen Händen.
Ich will dir geben, was noch nie eine Göttin
jemals einem Menschen gab.
Doch du mußt es annehmen, bitte !

Gilgamesch Muß ich es annehmen? Muß ich es?
Ha! Nichts werde ich annehmen!

106

Auch wenn du eine Göttin bist, und es zuraunst;
auch wenn ich es höre, so bin ich nicht dein!

Ischtar Laß dir doch erzählen! Du besitzt einen Sohn!

Gilgamesch Einen Sohn?

Ischtar Ja, einen Sohn in Uruk!

Gilgamesch Wir müssen zurück!

Ischtar Zurück?

Gilgamesch Nein! Nein! Das glaube ich nicht!
Sind doch erst wenige Tage vergangen!

Ischtar Wenige Tage? Zwei Sekunden der Ewigkeit;
der Pulsschlag der Zeit überwand die Unsterblichkeit!

Gilgamesch Dann sind sie tot, tot!
 Hör´, du weißt, was ich befürchte;
dein Traum, den ich träumte, ist er wahr?
So wahr, als hätte ich nicht gefunden,
mich an eines Freundes Herz gebunden!
Soll ich dich lieben? Lieben?

Elfe (singt)

> Sie kam herab ins Tale,
> da trauerte die Nacht;
> dort nahm sie meine Quale,
> sie hat's so schön gemacht.

Gilgamesch Horche! Die Töne, so klar und so rein,
sie sollen wohl mein Herz einfangen?
Ja, wäre nicht die Liebe auf Erden,
wie könnten aus Menschen Menschen werden?
Sage, Ischtar, willst du mich mit diesem Lied verführen;
und ich soll mich binden an deine Liebe;

und die Lieb soll die Menschen binden!
Gibt es denn die Liebe,
die Liebe der Menschen untereinander?
Die Liebe der Liebenden im Garten des Glücks,
oder welche Liebe soll es geben?
Ist es denn die Liebe, wenn dein Herz erregt und wallt?
Ich weiß nicht, ob ich deine Liebe an mich binden kann.
Weißt du's! Sage, du bist doch eine Göttin;
ja ich frage dich darum, sag's bitte!
Wo ist mein Freund Enkidu?

Ischtar Dein Freund? Er wird bei den Göttern sein!

Gilgamesch Bei den Göttern? Was will er da?

Ischtar (lächelt) Er? Er will da nichts!

Gilgamesch Ich muß ihn wiederhaben, ich muß ihn haben!

Ischtar Gar nichts mußt du haben!

Gilgamesch Du! Ich muß! Und geht eine ganze Welt in Trümmer!

Ischtar Denke nicht daran! Liebe mich!

Gilgamesch Wie eine Klette hängt sie an mir.

Ischtar Komm her zu mir, auf meine Liebesstatt,
und mache mich glücklich, wie noch nie ein Mensch,
ja, wie noch nie ein Mensch eine Göttin glücklich gemacht;
deine Geliebte wartet, komm her zu mir, nah heran;
Nehme meinen Körper, nun dränge dich danach!

Gilgamesch Ischtar, ich soll dich lieben?
Nun, was ist? Gibst du mir meinen Freund wieder;
vielleicht kann ich dich dann lieben!
Diese Bitte will ich dir ja nicht abschlagen,
aber in meinen Augen bist du was du bist!
Ja, eine Hur´, ja, die bist du;

und du willst dich Göttin nennen!
Allein, du aus dem Übel der Erde entsprungen!

Ischtar Was heißt da, von Übel, von welchem Übel?
Sind doch alle gleich, auch die Götter!

Gilgamesch Gleich? Gleich seid ihr nicht!

Elfe (singt)

> Wir legten uns an Herzen,
> wohl an die meine Brust,
> du nahmst mir meine Schmerzen,
> so schnell, so gut, so just!

Gilgamesch Das Lied, nun ist's zu Ende.
Der Gesang, die Musik ist verstummt;
du wolltest mich lieben, so war es doch?
Nun; Ischtar, du willst mich lieben?
Doch warum kann ich dich nicht lieben?
Nicht allein, weil du ein Gott bist?
Oder liegt es daran, daß du keine Tochter der Menschen bist.
Wen ich dir mein Herz schenke,
sage, was schlägt dann in deinem Busen?
Wenn mein Herz und das deinige nicht schlägt,
was schlägt dann, was ist es nur?
Es wär' gähnende Leere; nichts würde schlagen!
Versteh mich doch, gut, du, sahst mich und liebst mich;
aber ich bin es nicht, der dich niemals lieben kann!
Locke mit was du willst; ich sah und liebe dich nicht!

Ischtar Na gut, dein Herz ist dein, doch gibst du es mir;
wenn ich Enkidu nach hier gar hole?

Gilgamesch Ich weiß es nicht, ich weiß es nicht!
Es kann sein, ja, es könnte sein!

Ischtar Hm. Wenn das so einfach wäre? Was stellst du dir vor?
Komme doch erst, und laß uns eine Liebesnacht vollbringen;

109

komme, gebe meinem Mundeinen zärtlichen Kuß!
Sei zärtlich zu mir!Komm und du gereust es nicht!
Beuge dich über mich! Nun komm!

110
Gilgamesch (küßt) Hur´!

Ischtar Ja. So ist´s gut!
Deinen Gefühlen sei kein Zwang auferlegt;
du bist bei mir in den rechten Händen.
Ja, die Liebe ist so schön, so unendlich,
doch man muß sie erst verstehn!
Warum willst du das nicht begreifen?
Komm, sage es mir!

Gilgamesch Ich begreife dich, verfluchte Dirne,
doch ich liebe dich nicht;
du sollst mir Enkidu bringen;
erst dann überwinde ich meinen Stolz,
dann will ich dich lieben, lieben!
Und fällt es mir auch so schwer.

Ischtar Ich schöre, ich bringe Enkidu zu dir!
Sehe, bei dem flammenden Scheine dieses Feuers,
sehe, rote Zungen springen empor;
sie werden deine und meine Liebe anstrahlen.
Ja, während die Lieb nur den Frieden zeugt,
so ist das Feuer das Symbol für Frieden und Liebe;
die Liebe ist warm, und das Feuer erzeugt diese Wärme,
und die Wärme ist die Wollust in der Kälte der Nacht.
Und drängt sich die Wollust vom Herz in die Herzen,
wie das Feuer, das mit Macht wütet, wenn es ungebunden ist;
wie auch eine Glocke schlägt in deiner Brust das Herz;
so schallt es in die Seele, taut sie auf,
so als schmelze Schnee in der Feuersglut dahin!
Kalt fühlt der Schnee sich an, fast wie du;
jedoch schmilzt er in der wärmenden Hand;
und es gibt der Mensch Wärme ab; wir sind wie die Sterne,,
ja, wir brennen wie sie, wir glühen wie sie!

Du sollst auch brennen, wie die Liebesflammen,
und du sollst mir treu sein, und mich nie verlassen;
aber du bist nicht so, so wie ich es wünsche!
Ja, wie ich es wünsche! Du bist nicht so!
Du bist nur mein Traumbild, nur mein Wunschbild;
Wunschbilder und Traumbilder treffen sich im Schlafe;
so träumte mir mit vielen Wünschen von dir!
Mein Wunsch, mein Wunsch, ach! Wäre es kein Traum;
wäre es die reale Wirklichkeit wär's die Realität;
denn so brauchte ich nicht zu hoffen, daß meine Angst,
die mich umgibt, nimmermehr bleibt!

Gilgamesch Die Angst einer Göttin, gibt's das auch?
Kann es das denn geben? Nein! Nein!
Ihr seid doch unsterblich, braucht euch nicht zu ängstigen!
Ich kann's nicht begreifen; ich bin nur ein Mensch!
Ha! Warum sahst du mich damals, vor Uruks Mauern,
auf der Weide; denn was auf der Weide geschah, bestimmt den Weg!
Da erfüllte sich mein und dein Schicksal!

Ischtar Nein, nein, was kann ich dafür?

Gilgamesch Du sollst es nicht gewagt haben,
was du gewagt hast, Ischtar!
Nun ist es geschehen,
die Zeit läßt sich nicht rückwärts drehen!
Holst du mir Enkidu, so liebe ich dich!
Drei Sonnenuntergänge gebe ich dir Zeit!

Ischtar Gut! Drei Tage, drei Nächte, ich bringe Enkidu!
Nur wart´ auf mich, Gilgamesch!
Du sollst Enkidu wiedersehn!

(Ischtar ab.)

Gilgamesch (allein) Nun ist doch alles dahinausgegangen, wovon mir
träumte; die alte Zeit wird gegen eine Neue umgetauscht;
und die Gedanken reichen auch nicht mehr an mich heran. Enkidu,
mein Freund komme zu mir! Komme und laß die alte Zeit sich noch

einmal neu beleben; wir sind eines Ursprungs, wir sind beide gleich, wir sind Freunde! Ischtar, sie geht und holt dich her. Für mich ist sie ein Mittel zum Zweck; denn ich denken nicht daran, sie zu lieben. Sie glaubt, mich zu lieben; was wird sie erst Augen machen, wenn sie merkt, daß es gar keine Liebe war, die ich ihr bot. Ich habe mich über einen Gott gesetzt, so setze ich mich auch über eine Göttin!

Im Himmel der Götter

(Der oberste Gott und Enkidu treten auf.)

Enkidu Ja, wir sind wieder da,
aus der Zukunft zurückgekehret;
doch was ich dort sah,
was das wohl mich scheret!

Der oberste Gott Ich zeigte dir dien Herrlichkeit der Welt,
ich zeigte es dir durch meine Göttergaben;
und du, du fühlst dich so vergällt?
Aber den Gilgamesch, den muß ich haben!

Enkidu Auch ich will ihn wiedersehen;
man kann ja so etwas verstehen!
Nur nicht hier!

Der oberste Gott Ich habe die Zeit,
zu meinen Füssen liegt die Ewigkeit!
Unsterblich sind wir nur alleine;
noch nie ist ein Mensch damit beschlagen;
so wird der Mensch sterben,
zu Staub verderben!
Ich sage dir: Die Zeit gehört uns!

Enkidu Die Unsterblichkeit? Ich rede nicht davon;
ja jeder Mensch wird sterben, und schon
wird er, durch die Seelen, neugeboren;
und doch weiß ich, daß er, mein Freund,
die Sterblichkeit besiegen kann;
er wird den Tod besiegen!

Doch für mich sind es Träume nur?
Sage, warum erzählst du mir das?
Ich möchte es nicht mehr hören!
Ich möchte mich damit nicht beschäftigen!
Ja, in meinem Alter werde ich daran denken;
aber in meinen besten Jahren doch nie!

Der oberste Gott In deinen besten Jahren?
Weißt du, wann sie sind?
Weißt du, wann du stirbst?
Siehst du? Du weißt es nicht;
darum kümmere dich früh darum.
Dein Leib wird zerfallen;
deine Uhr läuft schnell um,
und so geht es auch allen!
Jedoch deine Seele, sie geht
ins Universum ein;
dort sind die Seelen der Verstorbenen!
Deine gelangt auch einst dahin!
Wie jede Seele eines Menschen;
denn ihr seid alle, ob Mann, ob Frau, sterblich.
Und alle, die nach deinem Tode geboren, werden sterben;
ja, auch sie gelangen ins weite Universum!
Dort seid ihr unsterblich, habt keinen Körper mehr;
ihr habt nur Seelen, ein Quantum Energie, nicht sichtbar werden!
Für uns ist das gleich!
Doch reden wir von andern Dingen!

Enkidu Nein, reden wir davon!!

Der oberste Gott Weisheit und Wahrheit sucht ihr;
doch findet ihr sie, so verabscheut ihr sie!
Lange Gedanken und kurze Taten führen euer Leben an!

(Der oberste Gott geht mit Enkidu ab. Ischtar tritt auf.)

Ischtar Da bin ich nun wieder! Ach würde er es mir erlauben,
daß ich Gilgamesch lieben darf;
er starb ja nicht, wie er's erhoffte!

Ich bin ja so froh darüber!
Ich gab ihm unheimliche Macht,
und durch meine Anwesenheit Stärke.
Nur Mut! Nur Mut! Ich wäre ja keine Göttin,
wenn ich Enkidu nicht herbeischaffen kann!
Ich muß ihn zur Erde mitnehmen;
ja hätte ich ihn schon dort,
hätt` ich Gilgamesch in meinen Händen,
dann würde es gut enden!

(Der oberste Gott kehrt zurück.)

Der oberste Gott Da bist du ja wieder!
Bist du geheilt von deiner dummen Liebe?
Hast du eingesehen, daß du einen Menschen liebst;
aber ich muß meinen Schwur halten!
Er muß sterben!
Gilgamesch muß ins Unendliche!
Sein Leben wird ausgelöscht!

Ischtar Ich liebe ihn sehr, da änderst du nichts!

Der oberste Gott Ich nicht, aber die Zeit!

Ischtar Gut, die Zeit; aber ich muß dich um was bitten:
Du nahmst Enkidu, laß ihn wieder gehen!

Der oberste Gott Ich soll ihn wieder gehen lassen. Nie!
Prüfe erst, ob dein Herz dich nicht belügt,
prüfe, ob Gilgamesch dich nicht betrügt?
Meinst du es wirklich ernst mit der Liebe?

Ischtar Das brauche ich nicht zu tun;
er liebt mich aus vollem Herzen.

Der oberste Gott Wen er die Liebe man so ernst nimmt, wie du!
Allein, ich kann dieser Liebe nicht trauen.
Höre auf meine Worte, er macht sich ein Spaß daraus!
Doch will ich sehen, was ich für dich tun kann. **(Der Gott geht ab.)**

114

Ischtar Ich soll warten? Die Zeit drängt,
sie läuft mir davon und Gilgamesch auch!
Ich muß Enkidu mit zur Erde nehmen!
Ich muß es tun! Meine Bitte darf er nicht abschlagen;
denn ich vergeh vor Liebe schier!
Die Flügel der Liebe, sie haben mich gepackt,
Gilgamesch hat mich in seinen Klauen,
so daß es ein Nichts ist,
so daß ein Gedanke selbst dahinfliegt;
denn so lieb ich ihn!

(Der oberste Gott mit Enkidu tritt auf.)

Der oberste Gott Nun, Ischtar, meine Tochter,
hier hast du ihn, seinen Freund!
(zu Enkidu) Enkidu, wir sehen uns wieder!
Du kommst zurück!

Enkidu Ich komme zurück? Ich komme nicht zurück!

Der oberste Gott Wir werden das ja sehen!
Es war doch eine Bitte von Gilgamesch,
nicht wahr, Ischtar?

Ischtar Ja! Aus Liebe tue ich alles!

Der oberste Gott Ich sage dir doch, er nutzt dich aus!
Er liebt dich keinesfalls,
noch hat er je geliebt!

Ischtar Die Liebe ist bei jedem das erste Mal!
Komm Enkidu! Er brachte dich her, ich bringe dich fort!
Gilgamesch will dich sehen!

Enkidu Gilgamesch! Er wollte, daß ich komme!

Ischtar Ja, er wollte, daß du kommst;
die Freundschaft mit ihm zerbrach beinahe unsere Liebe,
die Liebe, die ich zu ihm hege, unsere Liebe!

Ich versprach ihm, als Göttin, dich zu finden.
Siehst du! Und ich fand dich!

Der oberste Gott Ein Versprechen, aufgebaut auf einer Scheinliebe!
Geh hin, Ischtar, und denke an meine Worte,
daß ich recht behalten habe.
Und du, Enkidu, grüße ihn von mir;
sage ihm ein Wiedersehen im Universum!

Ischtar Höre nicht auf ihn. Sei froh, daß du nun gehst!

Enkidu Ich habe noch nie auf ihn gehört;
noch wußte ich, was er sagte, was er zeigte;
und bis heute weiß ich nicht, was er wollte!
Können Götter auch Unsinn reden?
Es war eine verlorene Zeit, die ich hier verbrachte!

Der oberste Gott Da sieht man es wieder, was versteht der Mensch?
Aber versteht´s der neue Mensch besser?
Und Enkidu, du hast dadurch gewonnen,
als wäre alles schon wieder zerronnen!

Enkidu Nein! So ist es nicht, Gott!

Ischtar Laß ihn reden, wir gehen!

(Ischtar und Enkidu ab.)

Der oberste Gott Der wird sich noch wundern, er wird bald sterben;
so einfach ließ ich ihn nicht gehen;
langelang bleibt er nicht am Leben!

116

DIE HÖHLE

Gilgamesch (allein)

Wenn die Sonne sich neigt
und der Tag endlich schweigt
kommt die stille Zeit,
leise, wie die Unendlichkeit!

Das dritte mal ist die Ischtar nun fort,
sie weiß, sie muß sich eilen;
sie weiß, ich bleibe nicht länger hier!

Die letzten roten Strahlen
verdecken meine Qualen.
Die Sterne stehen in der Nacht
ganz allein gestellt
auf einsamer wacht!

Ischtar verbarg mich vor dem Zorne ihres Vaters,
in dieser schönen, vom Winde umrauschten Höhle!
Sie glaubt mich zu lieben; aber ich liebe sie nicht!
Mir war es nur recht, daß sie meinen Freund holt,
und wen ich den ganzen Zorn aller Götter zuziehe!
Doch, was soll's, das ganze Leben ist ein Abenteuer,
die so ungeheuer, mithin oft tödlich sind!
Nur eines will ich! Enkidu wiedersehen!

(Stimmen vor der Höhle.)

Von draußen hör ich Stimmen her!
Ja, es sind sie! Sie kommen!
Was ist das für ein Glück,
ich tret für einen Augenblick zurück.
Mein Versprechen
werde ich dieser frechen
Hure niemals halten!

(Tritt in den Hintergrund zurück.)

Ischtar (tritt ein) Hier ist di Höhle!
Wo ist er nur? Ist er schon fort?
Nein, das darf nicht sein!
Ich habe ihn so gern, meinen Freund!

Enkidu (tritt ein) Ach, könnte ich ihn nur einmal sehen,
und dann sterben für ihn!

Ischtar Beschwöre nichts herauf!

Enkidu Was heißt da, beschwören?
Was wahr ist, das muß wahr bleiben.
Denke nicht, daß es eine Lüge ist;
denn für ihn könnt ich sterben!

Ischtar Ja, du siehst ihn, und was dann?
Die Liebe treibt ihn fort, in meine Arme;
die Liebe ist so stark, so übermächtig,
wer kann sie je halten? Nur ich bin die Seine!
Ja seine große Liebe!

Enkidu Nun, ich weiß nicht!

Ischtar Ja, du weißt es nicht!kaum habt ihr uns Götter kennengelernt,
so meint ihr, daß ihr uns übergehen könnt!
Was seid ihr doch wahnwitzige Kreaturen,
so daß man es sich gar nicht ausmalen kann!

Enkidu Du sei still! Wo ist mein Freund!

Gilgamesch (tritt hervor) Hier Freund!
Du bist wieder da: Drück dich an mein herz;
weil wir waren so lang auseinander!

Ischtar Gilgamesch, denk an dein Versprechen,
daß du mich lieben willst;
ja, niemals von meiner Seite zu gehen!
Komm! Lieb mich; laß ihn nun fahren!

Enkidu War das dein Preis, Gilgamesch?

Gilgamesch So kann man es nennen!
Aber so hoch war der Preis wieder nicht!
Enkidu Na gut, dann gehe ich einmal hinaus!
Und ich hoffe, du bist bald fertig!

(Enkidu geht aus der Höhle.)

Ischtar Wir sind allein, mein Liebster!
Komm und halte mich fest in deinen Armen!
Liebe mich! Nun, Gilgamesch, ich warte,
wo bleibt das Gefühl der Liebe;
der Kuß auf meinen Lippen?
Du willst es mir doch nicht versagen?

Gilgamesch Ja, dir will ich's versagen!

Ischtar Schaue nicht so grimmig drein; ich fürcht´ mich nicht!
Du glaubst wohl, daß ich das nicht traue!
O doch, und wenn es deinen Tod kosten wird.
Siehst du den Bogen, den Pfeil;
dieser Pfeil kann dich töten!

(Holt Bogen und Pfeil. Und spannt den Bogen.)

Und so! Wenn ich ihn loslasse,
dann durchbohrt er deine Brust!

(Senkt den Bogen und schießt.)

Es soll eine Warnung sein!
Nun komme schon und liebe mich!

(Gilgamesch entwindet den Bogen.)

Ja, So ist´s recht. Liebe mich, liebe mich!
Aber so stürmisch braucht es auch nicht sein!
Du bist ja wie ein Orkan!

Gilgamesch Stürmisch oder nicht? Ich liebe, wie ich will!
Komm, Ischtar, ich werde es dir zeigen!
Göttliche Hure, Tochter der Liebe!
Du dauerst mich! Warum verliebst du dich in mich;
das Schicksal ist dir und mir nicht wohlgesonnen.
Trage dich nicht mit dem Gedanken umher,
daß ich dich liebe!
Nutzlos ist es, glaube mir;
nutzlos oder wem sollte es nützen?
Dir und auch mir nicht!
Ja, du träumst noch immer,
aber die Träume sind längst entschwunden;
so, als würde man des Morgens erwachen,#
und man sieht, es hat sich nichts geändert;
alles ist gleich geblieben!

Ischtar Für mich nicht das siehst du doch!
Die Sternschnuppen, Liebesstreifen m Horizont
geben mir recht, und meiner Liebe zu dir auch!

Gilgamesch Du bist im Unrecht! Ich liebe dich nicht;
ich versage sie dir sogar!
Ischtar, lasse dir das nur gesagt sein!
Die Liebe gehört nicht uns!

Ischtar Sehe ein! Hier bist du zu Haus!
Du wirst mich lieben, ja, duz wirst mich lieben;
du liebst seitdem du aus Uruk verschwandst!
Und wo willst du auch hin?

Gilgamesch Ich gehe mit Enkidu fort! Ich will's!

Ischtar So, du willst es also so!
Du wirst weit wandern, nicht mit Enkidu!°

Gilgamesch Nicht mit Enkidu? Wie meinst du das?
Und was soll das heißen? Wie meinst du das?
Glaubst du, daß er geht, weil du mich liebst;
nein, das glaube ich nicht!

120

Ischtar Ja, glaube was du willst; wir werden sehen!
Wo willst du auch sonst hin!

Gilgamesch Weg von hier! Mit ihm!

Ischtar Er geht nicht mit dir! Er geht woandershin!

Gilgamesch Woandershin? Wohin?

Ischtar (lächelt) Ins Universum

Gilgamesch Soll das heißen, daß er stirbt!
Nein, nein, das darf nicht sein!

Ischtar Der oberste Gott ließ ihn gehen;
doch ich merkte, daß er nicht überlebt!

Gilgamesch Und du hast das gewußt
und hast nichts dagegen getan?

Ischtar Ich konnte nicht, verstehe doch!
Er ist mächtiger, die ich doch nur eine Göttin bin!

(Enkidu taumelt qualverzerrt herein.)

Enkidu Helft! Helft! Helft mir!
Gilgamesch helfe mir;
mir schwinden die Sinne;
was ist geschehen=
                    (Tragen ihn aufs Lager.)

Ich bin krank, fühle mich so schwach;
ja, laßt mich auf das Lager legen.
Es geht schon vorbei, ich vertraue darauf!
Mir ist so heiß, mir ist so kalt;
mein Herz schlägt rasch, klopft rasend!
Sollte es mit mir zu Ende gehen?
Nein! Das darf nicht sein!
Gilgamesch, das darf nicht sein!

Gilgamesch Das wird gewiß nur vorüber gehen!Du bist krank!
Wir pflegen dich gesund!Warst du bei den Göttern?

Enkidu Ja, da war ich!

Gilgamesch Dann sind die Götter daran schuld!
Kann man ihm helfen, Ischtar?

Ischtar (leise) Nein, keine Macht der Erde wird ihm helfen!
Er muß sterben!

Enkidu Ich fühle, daß es zu ende geht!

Gilgamesch Du darfst nicht sterben!
Überwinde deinen Geist, überwinde dich selbst!

Enkidu Ich kann nicht! Ich kann nicht!
Ich schließe meine Augen für immer, für ewig!
Wir sehn uns wieder, drüben!

Gilgamesch Drüben? Wer weiß denn, ob es ein Drüben gibt?
Wissen wir es denn, ob wir ewig leben.
Nein, wir wissen es nicht!
Wir sind in unseren Erdgedanken eingeschränkt.
Ein Drüben gibt es nicht!

Ischtar Laß ihn sterben. Siehst du nicht,
das in seinem Gesicht das Gesicht des Todes steht;
der Lebensodem entweicht aus seinem Körper;
die Seele geht durch die Feuertaufe des Universums,
dort, wo die andern Seelen neugeboren sind!

Gilgamesch Es gibt keine Seelen! Tot ist tot!

Ischtar Die Seelen erwarten ihn, sie fühlen es,
wieder schwebt eine Seele über Land und Meer,
über uns, ins Universum hinein!
Noch kämpft der Körper um die Seele;
die Seele will entweichen, vom Staube fort!

Gilgamesch Enkidu, hörst du mich noch?
Du sollst und darfst nicht sterben!

Enkidu Ja, ich höre dich, doch wie aus weiten Fernen;
und ich höre andere Stimmen, die unserer Ahnen!
Ichsoll zu ihnen kommen,
und soll mich nicht länger sträuben!
Ein Licht leuchtet meiner Seele voran!
Meine Seele will fort, dem Lichte folgen;
ich muß dich verlassen!
Wir sehen uns wieder!
Wo bist du?

Gilgamesch Hier, neben dir stehe ich!

Enkidu Du steht an meinen sterblichen Überresten!
Die Seele weilt schon nicht mehr hier;
sie folgt dem Licht. Es wird heller!
Alles voll Licht!
Nun muß ich Abschied nehmen,
ich kann nicht mehr länger bleiben!
Tröste dich, wir sehen uns wieder!

(Enkidu stirbt.)

Gilgamesch Enkidu bleibe!
Er ist tot! Er ist tot!
Warum mußtest du gehen,
warum kann ich das nicht verstehen,
warum bliebst du nicht hier,
warum mußte es geschehen,
warum mußtest du gehen!

Ischtar Faß deinen Schmerz, und weine nicht;
denke daran, daß er das nicht will!

Gilgamesch (weint) Woher willst du das wissen?
Mein bester Freund ist von mir gegangen,
und da soll ich nicht weinen?

Ischtar Weine ruhig deinen Schmerz aus!

Gilgamesch Ich muß! Ich muß! Meine Tränen laufen mir davon!
Enkidu, komm doch wieder zurück!
Nein, er kommt nie mehr in meine Arme!
Der Weg den du gehst, der führt nie an meine Seite!
Ach, was haben wir erlebt! Wie sind wir Freunde geworden;
viel wollten wir sehen, viel wollten wir erleben.
Du wolltest die prachtvollen Städte sehen, Babylon, Ninive, sehn;
jedoch der Tod beschließt deine letzte Reise anzutreten;
die Reise ohne Wiederkehr, die Reise ins All.

(Wischt sich Tränen aus den Augen.)

Warum gibt es den Tod für die Menschen?
Sag, Enkidu, du weißt's wohl auch nicht?
Die Antwort bleibt er mir schuldig;
er kann nicht mehr reden,
und ich nicht seinen Worten lauschen-
Ja, es ist nicht leicht einen Freund zu verlieren;
da werden die Perlen aus dem Stoff der Träume gemacht.
Die Tränen lösen sich auf, und die Erde saugt sie wollustbegierig!
Ja, die Erde nimmt wieder, was wir ihr stahlen;
und es löst sich alles auf, alle heiligen Bande,
und alles wird zu Staub, für immer und ewig,
und dieser Staub liegt dann in seinem Grabe,
und uralte Bäume werden aus dem jungen Samen,
der dort gelegt wird, entsprießen!

(Er nimmt die Leiche auf.)

Mein Freund, ich bette dich jetzt in die Ewigkeit.
Eine schwere Last, sie wird noch schwerer;
wiewohl eine Last auch leichter werden kann.
Ja, Enkidu, du wirst zur allerletzten Ruhe getragen;
du wirst getragen von den Händen deines Freundes,
die geschlossen einen immerwährenden Freundschaftsbund;
doch, jetzt mein Freund, da trage ich dich in die Dunkelheit,
auf daß die Sterne das Leid sehen, und auch das Unglück.

Sie sollen Weinen und Klagen mit mir;
denn dein Grab werden sie geöffnet sehen,
und treten zum letzten Geleit auf deiner langen Reise an:
Sie grüßen dich! Der Mond verbirgt vor Trauer sich.
Alles stimmt in einen Trauergesang ein,
die Trauerfanfaren erklingen.
Die Tiere, die Bäume, alle Pflanzen beklagen das Leid,
das uns traf, das uns trennte, für alle Zeiten!
Ach, kämest du doch wieder zurück; würdest du wieder leben;
Doch die Hoffnung ist genommen, mit dem Sterben geht jeder!
Du starbst an einer verhängnisvollen Krankheit!
Und Götter tragen die Schuld!
Ja, verloren bist du für die Erde, verloren bist du für mich!
In die kalte Erde wirst dun nun gebettet, hineingelegt;
kein Bett, kein Kissen, nichts auf dem du ruhst:
Dich schmerzen nicht mehr die Höllenqualen, die mich plagen;
du bist auf dem Weg, den kein Mensch versteht,
auf der Straße der Unendlichkeit,
auf der Straße ans Ende der Zeiten,
auf der Straße ins Nirgendwo.
O Enkidu. Wo bist du, wo, sag's!
Wo ist dein Geist, die sterbliche Hülle trage ich fort.
Ja, Freudenfeste erscheinen mir als Hohn;
wie wohl ist´s denen, die keine Trauer plagt;
sie sind die freudigsten Naturen bei den Festen;
aber auch sie sind dem Tode geweiht,
denn der Tod lädt alle zu seinen Gästen.
Jedes Getier, das da kreucht und fleucht,
ist jenem geweiht, dem alle das Leben danken.
Nur um zu sterben sollen wir leben?
Worin liegt da der Sinn des Lebens?
Bei der Geburt ist schon der Tod unser Bruder;
doch wir sehen ihn nicht, und begegnet uns doch jeden Tag!
Enkidu, Enkidu, du bist tot!
Als wildes Kind unserer Zeit scheute ich nicht den Tod;
ungestüm begegnete ich ihm jeden Tag;
heute trat er zu erstenmal sehr nah an mich heran.
Mit dem Odem der Unsterblichkeit wurde ich geschlagen;
ich fühlte, er trat sehr eisig, sehr nah heran;

denn ich fühlte seinen, ach! So kalten Hauch!
Soll mir das gleiche widerfahren?
Es wird mir widerfahren; aber ich will den Tod nicht!
Vorbei ist sein Leben, meines beginnt soeben!
Sein Tod gab mir neues Leben!
Ich will suchen, ich will es finden,
so wahr ich hier stehe, so wahr ich schwöre,
was noch keiner jemals fand: Die Unsterblichkeit!
Deine Schritte klingen nicht mehr neben mir,
dein Schritt ist nicht mehr an meiner Seite!
Nur den Klang des Todes höre ich noch!
Alles vermisse ich sonst von dir!
Deine Freude und meine Freude waren Jubel genug,
doch der Jubel verwandelte sich in stille Trauer, ganz leis.
Ja, die Trauer zerbrach alles, jedes Glück und jede Freude!
In diesem kalten Körper, den ich trag in meinen Armen,
gebt ihm, die ihr trauert ein Erbarmen!

(Gilgamesch ab mit der Leiche.)

Ischtar Durch den Tod hat er seinen Freund verloren,
jetzt wird er sich ausweinen an meiner Liebe!
Er wird nun einsehen, daß die Dinge der Zeit
ihren Lauf gehen müssen.
Er wird bei mir bleiben, an meinem Busen!
Muß er erst durch den Tod es erkennen?
Ha! Wie ich mich bereits freue, denn nun habe ich ihn ganz,
und niemand kann ihn mir nehmen.
Doch, wie, wenn er, ich wage nicht daran zu denken.
Es ist das alte Spiel, die alte Angst,
die mich wieder umgibt; ich höre eine warnende Stimme!
Ist's gut einen Menschen zu lieben?
Hat er doch einen Sohn; aber die Zeit ist vorbei!
An meiner Liebe wird er sich ausweinen!
Draußen dunkelt´s, und er steht da noch immer
an dem Grabe seines Freundes!
Ein letzter Gruß. Er kommt.

(Gilgamesch tritt wieder ein.)

Gilgamesch, höre auf zu weinen;
sehe doch, das Leben geht weiter;
die Toten gehen eigene Wege.
Nehme es hin, wie ein Mann.
Liebe mich nun, du brauchst nicht zu gehen!

Gilgamesch Du sprichst von der Liebe; aber ich trauere.
Meine Trauer ist nicht getilgt;
verstehst du das nicht?
Höre, ich kann nicht lieben;
ein für allemal, laß mich in Ruhe!

Ischtar Ich begreife, nur zu Gilgamesch.
Trauere noch, dein Freund ist gegangen;
aber niemals kommt er wieder! Er ist tot!

Gilgamesch Er kommt nicht wieder!
Warum nicht? Ihr sterbt ja auch nicht;
nur wir Menschen müssen sterben!
Warum? Warum Zerfallen wir doch in den Staub,
nur der Name bleibt noch in den Büchern.
Wer gab den Menschen den Tod? Wer?
Seid ihr es gewesen? Waren es andere?
Sage es mir, du solltest es wissen!
Verweigere mir die Antwort nicht.

Ischtar Gilgamesch, sie ist nur Götter;
nicht für euch, die Unsterblichkeit!
Nur einmal erhielt ein Mensch,
vor langer Zeit die Unsterblichkeit!
Er erhielt es als Preis für sein Leben,
das immer gut und wohlgefällig war.
Ich würde sie dir ja auch gern geben;
allein, ich kann nicht!
Ich bin nur eine Göttin,
die des Kampfes, die der liebe;
aber was ist das schon?
Teuer haben wir unsere Unsterblichkeit bezahlt;
denke nur, es war nicht so einfach!

Glaube nicht, daß auf Erden alles einfach ist.
Manchmal wünschte ich mir nur eine Frau zu sein;
doch was bin ich? Eine Göttin!
Ich darf unsterblich sein, obwohl ich´s manchmal nicht will.
Gehe nicht fort von mir, ich bin so einsam;
sehe, du kannst hier so gut bleiben. Bleibe!
Nein! Du darfst nicht gehen!
Bleibe! Du gelangst nie an dein Ziel

Gilgamesch Was heißt das: Ich gelange nie dahin?
Bin ich doch schon auf dem Wege hinzugelangen.
Die Unsterblichkeit, eines jeden Menschen Traum;werde ich sie
erhalten, werde ich sie erhalten?
Und wie ist der Weg? Wohin muß ich gehen;
denn allzu schwer sind die Wege.
Sage, Ischtar, daß ich recht habe!
Die Winde sollen meinen Spuren folgen,
schreiten sie himmelan ins fremde Land.
Wo ist die Unsterblichkeit zu Hause?
Treibt mich meine Sehnsucht nicht ins falsche Land?
Gebe mir doch Antwort!
Sehe ein, so kann ich nicht bleiben;
jetzt weiß ich, ich bekomme die Unsterblichkeit.
Noch heute sollen meine Füße den weiten Weg tragen!
Teile mir dein Wissen mit! Sage es freiweg!
Sage es mir; denn es soll ein neuer Morgen werden!

Ischtar Ich weiß es nicht!

Gilgamesch Du weißt es nicht?

Ischtar Ja, ich weiß es nicht!
Drum bleibe bei mir! Mein Verstand weigert sich zu glauben,
daß du von mir gehen willst; bleibe in der Liebeshöhle.
Verlasse mich bitte nicht!
Wenn du gehst, dann gehe ich mit!

Gilgamesch Nun ist es an der Zeit!
Du kannst es mir ja nicht geben,

das immerwährende Leben,
die Unsterblichkeit.
So muß ich sie erkämpfen,
so muß ich sie erringen,
weil ich nicht sterben will!

Ischtar Gehst du auch recht weit,
meine Liebe immer uz dir schreit!
Die Unsterblichkeit erringst du nie!

Gilgamesch Für den Tod des Stieres konnte ich nichts;
warum soll ich sie nicht erhalten,
soll keine göttliche Liebe walten;
doch ich werde sie bekommen,
und hätte ich sie selbst genommen;
wenn nicht, dann ist mein Leben ohne Sinn,
und das Universum ist mein Gewinn!

Ischtar Ich gehe mit, liebster Gilgamesch!

Gilgamesch Sie sagt, liebster Gilgamesch! Zu spät!
Im Augenblick fühl´ ich höchstes Glück,
ach! Ischtar, deiner Tage süßer Stunden
bringt der Tod uns nicht zurück!
Darum sage ich dir:
Ist der Weg auch noch so weit,
Tod oder die Unsterblichkeit

130